노인학대, 위험요인과 피해

노인학대, 위험요인과 피해

이 연 호 著

한국학술정보㈜

책머리에

현재 사회경제적 변화가 급격하게 진행되고 빠른 속도로 고령사회로 진입하고 있는 한국사회에서 노인문제에 대한 정책적, 사회 복지적 관심이 증대되고 있다. 그 중에서도 최근 대책이 시급한 심각한 사회문제로 관심이 모아지는 영역중 하나가 노인 학대이다.

노인학대가 단지 현대에 나타난 현상은 아니며 오랜 세월 가정과 시설 내에서 노인에 대한 학대가 존재하여왔다. 그러나 현 시점에서 한국의 노인학대와 방임의 문제가 심각하게 사회문제화 되어지는 배경은 다양하게 나타난다. 특히 한국의 급속한 인구학적 측면의 변화, 가족의 구조와 기능의 변화와 이에 따른 가치관 및 노인부양 의식의 변화, 그리고 급증하는 노인과 가족의 욕구에 부응하지 못하는 사회적 지지와 지원체계의 부족 등이 학대 발생 및 노출의 구체적 배경요인이 된다. 동시에 최근 가정폭력 방지법 및 피해자 보호법 등 가정 내 폭력문제가 사회적 문제로 부각되기 시작하였고 재가 복지가 인식되면서 가정 내에서 은폐되었던 노인학대가 노출되기 시작한 것도 학대 급증의 배경으로 작용하고 있다. 특히 한국의 노인학대는 산업화, 인구 고령화, 핵가족화, 가치관의 변화와 같은 사회구조적인 요인들이 직접, 간접적으로 영향을 미치고 노인부양을 감당하기 어려운 상황에 처한 가족에게 부양책임을 전담시켜 가해자로 만들고 있어 개인의 문제나 가정 내의 문제를 넘어선 사회구조적 문제로 합의되고 있다.

노인학대는 여러 가지 다양한 상황과 장소에서 발생하며 노인개인과 가족, 사회, 문화적 요인이 복합적으로 관련되어 나타나는 복잡한 현상이며 개입과 사회적 지원에서도 상당한 제한을 받는 어려운 영역인 것도 사실이다. 우리나라의 경우 1995년부터 노인학대의 심각성이 인식되어 노인학대와 관련된 연구가 시작되었으며 정부 역시 1995년 이후부터 노인학대에 관한 본격적 관심을 갖기 시작하였다. 그 결과 다양한 방면의 조사와 연구가 진행되었고 2002년 12월 사회복지 공동모금회의 지원을 받아 노인학대상담센터가 설립되어 학대받는 노인과 가족을 대상으로 상담서비스를 제공하고 있으며 일반 시민에게 노인학대에 대한 홍보와 교육사업을 전개하고 있다. 특히 2004년 1월에 노인복지법을 개정하여 노인학대 방지를 위한 법적인 장치가 마련되어 긴급전화(1389)와 노인보호전문기관이 탄생되는 등 노인학대에 대한 제도적, 실천적 개입이 급진전을 보이고 있다.

이러한 중요한 전환적인 시점에서 노인학대에 관한 사회적 인식이 확대되고 법적, 제도적 장치의 마련이 실효를 거두려면 이와 병행하는 사회 복지적, 즉 실천적 개입의 내실화가 반드시 선행되어져야 한다. 진전된 제도적 접근이 유명무실한 제도로 남지 않으려면 피해 노인과 가족을 직접적으로 지원할 수 있는 자원과 프로그램 및 서비스가 충분히 개발되고 제공되어져야 할 것이다. 즉 현시점에서 학대피해노인이나 가해자 모두에게 가장 필요한 것은 사회 복지적 개입을 기반으로 한 전문 프로그램 및 서비스의 제공의 확대인 것이다.

본 연구의 목적은 한국 상황에서 나타나고 있는 노인학대의 실태를 기반으로 실제적인 노인학대 위험요인(개인, 가족, 사회문화적 요인)및 학대의 특성은 무엇이며 이 요인들이 학대의 결과로 노인에게 나타날 수 있는 제반 피해영역에 어떠한 영향을 미치는가를 파악하고 학대 위험요인, 학대의 특성이 어떤 경로를 거쳐 학대피해에 영향을 미치는가의 검증을 목적으로 하였다.

본 연구는 최근 한국의 가족구성원에 의한 폭력의 형태로 나타나는 노인학대에 대한 관심이 집중되는 상황에서 최초의 학대피해노인을 직접 대상으로 하는 양적연구로 제한점을 가진 학대연구에 실증적 자료를 제시하는 의의를 갖는다. 본 연구결과인 학대위험요인이 다양한 원인과 경로로 학대피해가 발생한다는 객관적 근거를 기반으로 위험요인을 감소시키고 조절할 수 있는 정책적, 임상적 학대개입의 근거 마련의 기틀이 되어야 할 것이다. 특히 사회구조적 현상으로 발생되는 한국 노인학대의 특성상 노인의 정신건강, 가족관련 요인 등의 결과는 후속연구의 기반으로 활용될 것으로 기대해 본다.

목 차

표 목 차

그 림 목 차

I. 서 론

A. 문제제기

한국은 1997년 가정폭력방지관련 특별법이 제정되는 등 가정폭력에 관한 관심이 증폭되는 가운데 가족구성원에 의한 폭력의 형태로 나타나는 노인학대에 대한 우려가 사회문제화 되고 있다. 아동학대 및 배우자 학대 등과 함께 가정에서 일어나는 학대의 한 유형으로 노부모 폭행, 유기, 방임, 존속상해 등의 형태로 빈번하게 발생하고 있는 노인학대는 더이상 간과할 수 없는 사회 문제로 노출되고 있는 실상에도 불구하고 여전히 은폐된 영역으로 남아있다.

노인학대가 다른 분야의 가정폭력과 구별되는 시각에서 조명되어져야 하는 이유는 노부모학대가 '가정사'나 '집안일'로 인식되는 가정 내 폭력의 범위를 넘어서는 사회구조적 문제로 합의되고 있기 때문이다(Anetz-berger, 1997; 정경희, 1998; 박봉길, 2000). 노인학대가 사회구조적 문제로 인지되는 위험요인은 다양하게 나타난다. 첫째로, 무엇보다 노인은 학대에 취약성을 가지는 인구집단이다(Wolf & Fillemer, 1989: Hudson, 1986). 한국사회는 인구학적으로 노인인구가 급속히 증가하고 평균 수명이 연장되는 고령화 현상이 심화되고 있다. 노인인구는 2000년 7.1%의 고령화 사회를 기점으로 2020년에는 13.2%로 예상되고 평균수명도 의학기술의 진보에 힘입어 2000년 74.9세에서 2020년 78.1세로 연장될 것으로 추정된다(통계청, 2000). 앞으로 인구고령화 현상은 더욱 심화될 것이며 이에 따라 학대를 포함한 노인문제의 대책이 해결해야할 중요한 과제로 대두된다.

둘째로, 현대 가족의 구조 및 기능의 변화는 노인학대가능성을 증가시키고 있다. 급속한 산업화 과정에서 나타난 출산율, 결혼율의 저하는 가족분화와 핵가족화를 초래하였고 가족규모가 축소되었다. 핵가족은 1970년 71.5%에서 1995년 79.8%로 증가된 반면 3세대 가구는 1960년 28.5%에서 1995년 11.6%로 지속적 감소추세를 보이고 있다(한국보건사회 연구원, 2000). 이런 변화는 전통적으로 가족기반에 존재했던 가족연대 기능 및 결속력을 약화시키고 가족 보호, 부양기능의 이원화를 가져와 특히 가정이 물질적, 정신적 공급처이고 노후를 자녀에게 의지하던 한국의 노인들은 현실적 문제에 직면하게 되었다. 또한 노인단독가구의 급증은 고령자 세대 고립화와 학대의 잠재화를 가중시키고 있다.

셋째로, 사회적 가치관과 부양의식의 변화 또한 학대의 위험요인으로 작용한다. 현대의 노인은 가족 내에서의 전통적인 역할과 지위를 상실해 간다. 효 사상의 변화, 개인주의와 능률주의 가치관의 팽배, 노인 관의 변화, 세대 간 단절, 노인 부양자 자립과 보호의식 변화 등은 부양의무에도 영향을 미쳤다. 공적 원조제도가 미약한 한국의 경우, 부양의식과 의무의 변화는 가족의 사회보장 기능을 현저히 약화시켰고 노인부양의 한계를 드러내 노인과 부양가족은 가족단위에서 대처하기 어려운 경제, 신체, 심리적 어려움과 문제에 봉착해 있다. 특히 급증하는 후기 고령노인, 와상 상태, 치매노인 등 심신의 독립적 삶을 유지할 기능이 쇠퇴한 신체, 심리, 경제적으로 의존적인 노인이 학대에 더욱 취약하게 된다.

이와 더불어 노인학대에 대한 적절한 대처 및 지원의 부족을 위험요인으로 지적할 수 있다. 가정 내 노인학대가 노출되면서 대중의 관심을 받고 있으나 아직도 개인이나 가족의 문제로 간주되어 사회구조적인 문제로 인식되지 못하고 있다. 노인과 가족은 사회적 비난과 낙인을 감수해야 하는 상황에서 원조요청이 어려운 가운데 고립되어있으며 이는 학대노출을 어렵게 하고 외부 지원과 개입을 방해한다. 무엇보다도 현재의 정책적, 제도적 지원은 폭발적인 노인인구의 증가, 가족기능 및 부양의식의 변화에 적절히 대처하지 못해 노인학대와 방임의 문제는 방치되고 있는 현실이다.

그러나 이와 같이 분명하게 감지되고 있는 노인학대 위험요인에도 불구하고 노인학대 실태의 정확한 추정은 매우 어렵다. 학대의 본질상 실태조사에서 드러난 학대규모와 피해의 정도는 실제보다 낮게 나타나는 것이 일반적이다. 실태조사가 진전된 서구의 경우, 국가규모의 조사에서 지역사회 거주노인의 약 3-6% 정도가 가족학대를 경험한 것으로 나타났다(Lachs, Williams, O'Brien, Hurst & Horwitz, 1997). 이에 비해 한국의 실태조사는 지역적, 단발적 조사에 의지하여 실태를 추정하는 실정에 있다. 한국보건사회연구원(1999)의 조사 결과 응답노인 중 8.2%가 학대를 받은 경험이 있으며 서울 송파구 관내 노인대상 조사결과 6.4%가 학대를 경험한 것으로 나타났다(서울연합뉴스, 2000).

아동학대, 배우자학대의 피해에 관한 연구에 비해 학대가 노인에게 미치는 영향에 관한 연구는 미비하다. 노년기 학대는 노인 개인의 전체 삶을 혼란스럽게 하며 결과적으로 자신의 삶을 통합보다는 절망으로 유도하기 쉽다. 신체, 심리, 사회 기능이 저하되고 있는 노인들은 학대에 적절한 대처가 어렵고 심한 상해를 입기 쉽기 때문에 정신적 충격이 증폭되며 회복 또한 어렵다. 구체적으로 학대피해 노인이 일반노인 보다 디스트레스 수치가 매우 높으며(Comijs et al., 1999), 훨씬 높은 우울증과 치매발병률(Dyer et al., 2000), 타 질환의 증가, 기능적 장애, 인지적 기능 손상의 악화 등이 나타나며 시설에 조기수용 되거나 조기 사망에 이르기 쉬우며 삶의 질과 안녕감이 저하된다(Choi & Mayer, 2000). 심한 경우 심리적 불안과 공포로 자살을 기도하는 것으로 조사되었고 최근의 연구들은 학대영향으로 노인들이 사망에 이름을 보여주고 있다(Lachs et al., 1998).

가족구성원에 의한 학대는 피해자인 노인뿐 아니라 동시에 가해자인 가족도 영향을 받는다. 배우자, 자녀, 친인척 등에 의한 가족학대는 타인에 의한 학대보다 더 심각한 부정적 영향을 가져온다. 가해자가 성인 자녀일 경우 노인은 자신을 비난하고 죄의식을 가지며 자녀를 성장시킨 자신들을 수치스럽게 생각한다. 효와 체면을 중시하며 자녀에게 의존성이 높고 부양기대감이 큰 한국의 학대피해노인들은 회복되기 어려운 상황까지 참고 인내하는 경우가 많으며(조애저 외, 1999) 결국 가정은 회복하기 어려운 상처를 입게 되어 해체, 분열된다.

노인학대 연구는 선진국에서 상당한 진전을 보이고 있으나 외국의 연구결과를 한국 상황에 일반화 하기는 어려운 제한점을 갖는다. 이는 학대가 사회의 문화, 기대, 노인, 노인가족의 상황 등에 영향을 받는 미묘한 이슈이고(Pablo & Braun, 1997) 학대의 특성은 문화마다 다양하게 나타나기 때문이다. 한국의 노인학대 연구는 점차 발전하고 있는 추세이나 아직 그 수가 적고 연구방법에 있어서도 매우 제한적이며 대부분 서구사회의 선행연구를 근거로 하는 문제점을 안고 있다. 국내연구의 경향은 종합적 문헌 고찰, 지역사회 일반노인을 대상으로 하는 학대인지와 태도연구, 국지/지역적 학대실태 파악조사, 부양자나 성인남녀를 대상으로 하는 학대 원인 및 태도에 관한 조사 등이다. 학대연구의 현실적 제한점으로 소수의 질적 연구를 제외하고는 실제 학대피해노인을 대상으로 한 연구는 전무한 실정이다.

이러한 상황에서 일반 대중 및 노인을 대상으로 하는 학대연구에서 진보하여 피해노인을 직접대상으로 하는 기초연구가 요구된다. 사회적으로 분출하고 있는 노인학대는 실제로 어떤 요인들에 의하여 발생하고 어떤 영향을 받고 있으며, 노인들은 실제 어떤 피해를 입고 있는가 하는 실질적인 연구가 절실히 필요하다. 특히 현재 한국 상황에서의 실제적인 학대의 위험요인이 무엇이며 학대가 노인에게 미치는 구체적인 제반영향을 규명하여야 설득력 있는 노인학대 인식의 전환점 모색이 가능하며 나아가서는 대응방안으로서 제도적, 임상적 접근실천 노력이 수반될 것이다.

따라서 본 연구는 한국의 학대피해노인을 대상으로 한국노인학대는 실제 어떠한 양상으로 나타나는가에 관심을 갖는다. 구체적으로 학대피해 노인들의 개인적, 가족적, 사회문화적인 학대 관련 위험요인 및 학대의 특성을 설명하고 궁극적으로는 이 요인들이 학대의 결과로 노인에게 나타나는 피해영역에 미치는 영향 및 관계를 역동적으로 파악하고자 한다. 이러한 연구는 현재 답보상태에 있는 한국의 노인학대 실체를 이해하고 개입전략의 기초를 마련할 계기를 제공할 것이다.

B. 연구 목적

본 연구는 한국 상황에서 나타나고 있는 노인학대의 실태를 기반으로 실제적인 노인학대 위험요인(개인, 가족, 사회문화적 요인) 및 학대의 특성은 무엇이며 이 요인들이 학대의 결과로 노인에게 나타날 수 있는 제반 피해영역에 어떠한 영향을 미치는가를 파악하고자 한다. 또한 학대 위험요인, 학대의 특성이 어떤 경로를 거쳐 학대피해에 영향을 미치는가 의 검증을 목적으로 하였다.

이러한 목적을 달성하기 위한 구체적 연구 질문은 다음과 같다.

연구 질문 1. 한국 노인학대의 실제적 양상은 어떻게 나타나는가? 즉 우 리나라 학대피해노인에게서 나타나는 학대의 위험요인 및 학대의 특성, 학대피해의 정도는 어떠한가?

연구 질문 2. 학대위험요인 및 학대의 특성, 학대의 피해영역의 관계 및 관련요인의 영향력은 어떠한가?

연구 질문 3. 학대의 위험요인, 학대의 특성은 학대의 피해영역에 직, 간접적인 영향을 미치는가? 즉 어떤 경로를 거쳐 학대피 해에 영향을 미치는가?

C. 연구의 의의 및 제한점

1. 연구의 의의

본 연구가 갖는 의의를 다음과 같이 요약할 수 있다.

첫째, 본 연구는 노인학대 분야의 기초연구로서 공헌할 것이다. 현재 학대의 개념규정이 분명치 않고 학대피해 노인을 대상으로 위험요인과

학대의 결과로서 노인에게 미치는 영향을 검증한 연구가 거의 없는 실
정에서 서울, 경인지역에 위치한 노인복지관 전수조사와 한국 최초의 노
인학대 상담기관의 전국 표본을 근거로 직접 학대피해 노인을 대상으로
하는 연구라는 점에서 의의를 갖는다. 즉 현재 한국 노인학대의 실태파
악의 근거 있는 객관적 자료가 될 것이다.

둘째, 본 연구는 노인학대의 제도적, 실천적 개입을 위한 중요한 함의
를 갖는다. 노인학대의 위험요인과 가정폭력으로서의 노인학대가 노인에
게 미치는 영향에 관한 정보를 제공하여 복잡한 문제에 대한 이해의 증
진을 가져올 것이다. 외국 학대연구에 의존적인 현 한국의 연구에서 실
제적인 위험요인과 그 영향을 설명하여 실천적 개입점을 확보할 수 있
는 가능성을 제시한다는 의의를 갖는다. 따라서 사회문제화 되고 있으나
구체적 대응방안이 없는 학대문제에 사회복지적 개입을 기반으로 법적,
사회적 지원을 제공하는 토대가 될 것이다.

셋째, 본 연구는 노인관련분야 근거자료로 활용이 가능하다. 학대피해
노인의 개인적, 가족적, 사회적 요인을 폭넓게 파악함을 목표로 하므로
사회복지 분야뿐 아니라 노인 정신건강, 가족 등 다른 분야 연구의 근거
자료로 활용이 가능하다. 구체적으로 학대피해노인의 정신건강에 관한
연구를 수행할 수 있는 기초 자료로 활용이 가능하며 학대피해 노인가
족의 구조, 기능, 관계 등을 연구하여 현재 한국사회에서 노인을 부양하
는 가족의 역기능과 어려움 등을 연구할 수 있는 근거자료를 제시할 것
이다.

2. 연구의 제한점

본 연구는 다음과 같은 연구의 제한점을 갖는다.

첫째, 연구결과 일반화의 제한점이 존재한다. 노인학대에 대한 합의가 부재한 상황에서 서울, 경인 지역에 위치한 노인종합복지관 및 상담센터에서 학대로 판정한 사례를 대상으로 하여 연구대상 표집에 제한점을 가지며 학대피해를 당한 노인을 대상으로 하므로 연구 시점에 의한 차이 검증에 제한점을 갖는다.

둘째, 연구의 범위를 가족구성원에 의한 학대로 제한하여 시설거주 노인, 가족이 없는 독거노인 등을 포함하지 않아 결과 적용에 한계를 갖는다.

II. 이론적 배경

A. 학대의 개념 및 유형

노인학대는 다른 가족학대의 형태와 유사한 복잡한 현상으로 나타나 단일한 정의로 다양한 측면을 포괄하기는 어렵다. 특히 노인학대는 각 사회의 문화와 가치관을 반영하여 다양하게 정의된다. 다양한 연구와 조사를 거쳐 국가적 차원에서 규정된 외국의 학대개념 및 유형의 고찰은 현 시점에서 합의되고 있는 보편적 학대의 개념 및 유형의 이해를 가능하게 한다.

노인학대 연구와 조사가 비교적 발전된 미국의 경우 1995년 The Action on Elder Abuse는 노인학대를 '모든 관계에서 발생되는 노인에게 해나 장해를 일으키는 단일한, 반복적인 행동 또는 적절한 행위의 부족'으로 정의한다. 또한 가정 노인학대의 개념을 방임을 포함하는 적극적 의미에서 '노인과 동일가구에서 생활하고 있는 노인의 가족구성원인 배우자, 성인자녀, 기타 부양자나 친척에 의하여 행해지는 신체적, 정서적, 재정적 착취 및 방임과 노인자신에 의한 방임'으로 규정하고 있다. 노인학대 유형은 보편적으로 두 개의 광범위한 범주와 다수의 특수한 유형으로 구분된다. 광범위한 두개범주는 가정의 노인학대(Domestic Elder Abuse)와 시설 노인학대(Institutional Elder Abuse)이다. 가정 노인학대는 피해노인과 특별한 관계에 있는 성인자녀, 배우자. 친지, 친구 등의 보호제공자에 의한 학대이며 시설학대는 노인에게 비용을 받고 보호를 제공하는 요양원 등의 시설에서 발생한다. 이 두 범주에 덧붙여 독립적인 노인이 자기

자신을 위한 보호제공에 실패하는 경우를 의미하는 자기방임이 보편적인 유형의 학대로 간주된다. 노인국과 국립노인학대센터는 신체적 학대, 성 학대, 심리적 학대, 재정적/물질적 착취, 방임을 일반적 유형으로 규정하고 있다(National Center on Elder Abuse/NCEA).

캐나다는 광범위한 지리적, 정치적 영향으로 보편적 노인학대 개념이 정립되어 있지는 않으나 보건국(Health Canada)은 노인학대를 '노인에 대한 신체적, 심리적, 재정적 해를 가져오는 행위'로 규정한다. 신체적 학대는 폭력; 거친 신체적 처우; 성적 착취; 음식물 공급의 실패; 적절한 개인적, 치료적 보호를 제공하지 않는 행위를 의미하며 심리적 학대는 언어적 학대; 사회적 고립; 애정공급의 실패; 노인 의사결정 과정의 기회제한, 거절 등이다. 재정적 학대는 노인자산의 착취와 사기를 포함한다. 1999년 Ontario Legislative Assembly는 약물학대(Medication abuse), 기본적 권리와 자유의 침해, 유기와 자기방임을 추가하였다(Ontario Human Right Commission, 2000). 노인학대 예방기구(Elder Abuse Prevention)는 학대를 신체적 학대, 재정적 학대, 방임, 자기방임, 심리적 학대, 유기로 분류하여 규정하고 있다(EAP, 2001).

일본의 경우 고령자 안전보호에 관한 조사연구 사업보고서-고령자 학대실태에 관한 조사연구(1996년/평성 9년)는 학대를 타인에 의한 것으로 신체적 폭력에 의한 학대, 성 학대, 심리적 장애를 유발하는 학대, 경제적 학대, 그리고 일상생활에 필요한 간호 등을 방임, 거부, 태만 하는 유형으로 분류하였다. 광의의 노인학대는 가정 내 학대, 시설 내 학대, 자기방임이나 자학 등 크게 3범주로 분류한다. 이 중 가정 내 학대는 '배우자, 자녀, 형제, 친구, 보호제공자 등 노인과 특별한 관계에 있는 사람들에 의하여 노인의 자택 또는 보호제공자의 거주지에서 행하여지는 학대'이다(鈴木眞理子 外, 1999). 노인학대예방센터의 위기전화상담인 서포트 라인(Support Line)은 일본에서 빈번한 학대의 유형을 신체적 학대, 정서/심리적 학대, 금전적/물질적 학대, 성 학대, 방임, 감금 등으로 분류하였다.

영국의 Action on Elder Abuse(AEA)는 노인학대를 '신뢰가 기대되는 관계에서 발생하는 노인에게 상해나 고통을 일으키는 단일한 혹은 반복적인 행동이나 적절한 행위의 결핍'으로 정의하고 5가지 유형을 제시하였다. 신체적 학대는 때리기, 치기, 밀기, 구속, 과다 혹은 부족한 양의 의약품 공급 등을 말하며 심리적 학대는 소리치기, 욕하기, 놀라게 하기, 나무라기, 무시하기, 굴욕감 갖게 하기 등이다. 재정적 학대는 불법적으로 노인의 자산을 활용, 착취하는 것을 의미하며 성 학대는 노인의 동의 없이 성관계 관여를 강요하는 행위를 말하며 방임은 음식물, 난방, 의복, 의약품 등을 박탈, 제공하지 않는 행위를 말한다(Action on Elder Abuse, 2000).

외국의 노인학대 개념 및 유형을 정리하면 <표 Ⅱ-1>과 같다.

<표 Ⅱ-1> 외국 노인학대 개념 및 유형

국 가	학대의 개념	학대의 유형
미 국	-The Action on Elder abuse: 모든 관계에서 발생되는 노인에게 해나 장해를 일으킬 수 있는 단일한 혹은 반복적 행동, 적절한 행동의 부족	-노인국과 국립노인학대센터: 신체적 학대, 성 학대, 심리적 학대, 재정적/물질적 착취, 방임을 일반적 유형으로 규정
캐나다	-Health Canada: 노인에 대한 신체적, 심리적, 재정적 해를 가져오는 행위 -가족폭력 예방기구(The Prevention of Family Violence): 노인에게 해를 입히는 고의적 행동, 행위의 결핍	-가족폭력 예방기구: 신체적 학대, 성 학대, 심리적 학대, 재정적 학대, 방임으로 규정
영 국	-Action on Elder Abuse: 신뢰가 기대되는 관계에서 발생하는 노인에게 상해나 고통을 일으키는 단일한 혹은 반복적인 행동, 적절한 행위의 결핍	-Action on Elder Abuse: 신체적 학대, 성 학대, 심리적 학대, 재정적 학대, 방임으로 규정
일 본	-고령자 안전보호에 관한 조사연구 사업보고서: "배우자, 자녀, 형제, 친구, 보호제공자 등 노인과 특별한 관계에 있는 사람들에 의하여 노인의 자택 혹은 보호제공자의 거주지에서 행하여지는 학대"로 정의	-서포트 라인: 학대의 유형을 신체적 학대, 정서/심리적 학대, 금전적/물질적 학대, 성 학대, 방임, 감금 등으로 분류

보편적으로 현시점의 노인학대의 개념은 노인학대를 누군가가 의도적으로 노인에게 해를 가하는 개념의 소극적 전제에서 벗어나 노인의 인권과 보장을 전제로 하는 적극적인 넓은 범주로 규정하고 있다. 노인학대로 합의되는 구체적 유형은 신체적, 심리/정서적, 재정적 학대, 방임, 자기방임, 유기, 기본적 인권침해 등이다. 신체적 학대는 노인에게 신체

적 손상, 고통, 장애를 유발하는 힘에 의한 학대이고, 심리, 정서적 학대는 비난, 모욕, 위협, 협박 등의 언어적 혹은 비언어적 행위를 통하여 노인에게 심리적 고통을 주는 것을 의미하며, 재정적, 물질적 착취는 노인의 자산을 불법적으로 사용하거나 부당하게 착취하는 것을 말한다. 방임이란 노인의 의식주 문제해결 등과 같은 부양자의 책임이나 의무를 의도적, 비의도적으로 박탈하는 것을 말하며 자기방임이란 노인이 자신의 건강이나 안전을 유지하기 위한 조처를 취하지 않거나 위협하는 행위이다(김미혜, 이선이, 1998). 유기는 비독립적인 노인을 격리하거나 방치하는 행위를 말하며 기본적 인권의 침해는 노인의 자유, 의료, 개인자산 활용, 종교, 투표, 존엄한 인격체로 대우받을 권리 등에 대한 침해로 설명된다.

본 연구에서의 선행연구를 근거로 한 노인학대 개념 및 유형의 규정은 다음과 같다. 본 연구는 가족폭력의 관점에서 학대를 연구하므로 가정 내 노인학대를 '노인의 가족구성원인 성인자녀, 배우자, 기타 부양자나 친척에 의하여 행해지는 노인에게 해나 장애를 가져오는 행동 및 행위의 결핍'으로 정의한다. 본 연구에 포함되는 구체적인 노인학대 유형은 신체적, 심리적, 재정적 학대 및 방임으로 규정한다. 신체적 학대는 노인에게 신체적 손상, 고통, 장애 등을 유발시키는 힘에 의한 학대이며 심리적 학대는 비난, 모욕, 위협, 협박 등의 언어적, 비언어적 행위를 통하여 노인에게 정서적 고통을 주는 것을 의미한다. 재정적 학대는 노인의 자산을 불법적으로 사용하거나 부당하게 착취, 이용하는 것을 말하며 방임은 노인의 의식주 문제해결, 의료처지 제공 등과 같은 부양자로서의 책임이나 의무를 의도적, 비의도적으로 박탈, 포기하는 것을 의미한다.

B. 연구관련 이론

노인학대의 위험요인과 학대의 결과로 인한 피해를 설명하는 다양한 모델이 존재하나 본 연구의 이론적 기반이 되는 주요 이론 및 모델을 설명하면 다음과 같다.

1. 생태학적 접근 이론

가정폭력으로서의 학대의 연구는 보다 통일된 방법으로 가족구성원에 의한 학대를 이해하고 다양한 상호관계에 관심을 갖게 되면서 생태학적 접근 이론을 제안하게 된다(Kemp, 2000). 즉 생태학적 이론에서의 '환경 속의 인간'이라는 총체적 인간관은 유기체를 환경과 분리할 수 없고 상호작용하는 체계로 보기 때문에 개인과 환경을 이분화 하는 것을 방지할 수 있으며, 양자 간의 상호작용에 초점을 둘 수 있게 해준다(Germain, 1991; 김동배 외, 1998).

전반적으로 가족구성원에 의한 학대를 가장 잘 설명하는 것으로 알려진 생태학적 모델중의 하나는 Belsky(1980)가 채택한 모델이다. 이 모델은 Bronfenbrenner(1977; 1979)와 Tinbergen(1951)의 초기연구에 기초하고 여러 수준의 체계로 조직화된 것이다. 이 체계는 가정 내 학대와 관여되는 4단계 즉 개체발생론적 수준, 미시체계수준, 외적체계 수준, 거시체계수준으로 조직화된다. 가해자의 개인적 요소는 개체발생론적 수준에서 형성되며 외적 체계는 사람들에게 간접적으로 영향을 주는 관계로 구성된다. 또한 거시체계는 모든 것을 포함하는 것으로 특징지어지며 다른 수준을 포함한다(이화여자대학교 사회사업연구회 역, 2001).

이런 생태학적 접근이론에 근거한 노인학대 모델은(Schiamberg & Gans, 1999; Kemp, 2000) Bronfenbrenner(1979, 1986, 1997)의 생태학적 모델과 생활주기모델(Life Course Perspective)을 기반으로 발전된 것으로 가족 내 성인자녀에 의한 노인학대를 조명하며 학대 위험요인과 가족 내 세대 간 특질을 설명하는 관계상황 구조를 제시한다. 이 모델에서는 구체적인 위험요인인 피해자인 노부모 특질, 가해자인 성인자녀의 특질, 노부모와 성인자녀와의 상호작용, 성인자녀의 중간체계, 노부모의 중간체계(Exosystem/ Mezosystem)와 이를 둘러싸고 있는 거시체계 등이 상호영향을 미친다. 이 모델은 가정폭력으로서 노인학대를 개인, 관계, 사회적 맥락에서 설명가능하며 노인학대를 사회적 이슈로 접목시키는 장점을 갖는다. 이 모델이 제시하고 있는 구체적인 위험요인을 체계별로 살펴보면 다음과 같다.

첫째, 노인-피해자의 특질은 노인-피해자위험요인이다. 구체적 요인으로 성, 연령, 결혼상태, 건강상태, 치매 등 인지장애, 자극적/공격적 행동, 약물남용, 심리적 요인(비관, 우울, 자기비하 등), 사회적 고립이 제시되었다.

둘째, 성인자녀-가해적 부양자 특질은 가해자 위험요인이다. 약물남용, 정신장애, 치매 등 인지장애, 부양경험의 부족, 부양역할에 대한 저항, 스트레스와 부담, 성격적 특질(인내심의 부족, 비현실적인 부양기대, 우울, 반사회적 행동, 불안정성 등), 사회적 지원의 부족 등을 포함한다.

셋째, 미시체계(Microsystem), 가족 및 세대 간의 시간성과 사건을 설명한다. 이는 가족의 의사결정 패턴, 가족발달상의 과업, 의존, 생활환경, 가족 내 학대역사, 폭력행동의 세대 간 전이, 세대차이 및 다세대 간의 욕구 등을 포함한다.

　넷째, 미시체계를 포함하는 중간체계(Exosystem/Mezosystem)의 위험요인을 설명한다. 구체적으로 가족과 다른 중요한 세팅 즉 공식/비 공식 지원, 재정적 자원을 말하며 직장, 사회적 관계망과 같은 가족의 발달에 영향을 주는 외부환경을 포괄한다. 다섯째, 성인자녀/노인의 중 간체계로 고용상태와 재정자원, 사회적 고립, 공식적 지지의 부족을 제 시하고 있다. 여섯째, 노인/성인자녀의 중간체계에서는 사회적 고립과 공식적 지원의 부족이 주요요인이다. 마지막으로 미시체계와 중간체계를 포함하는 거시체계에서는 사회의 가치를 언급하게 되는데 문화를 반영 하는 사회적 가치는 특히 노인학대 이해에 중요하다. 구체적으로 문화 규범, 공공정책 등이 위험요인으로 제시되었다.

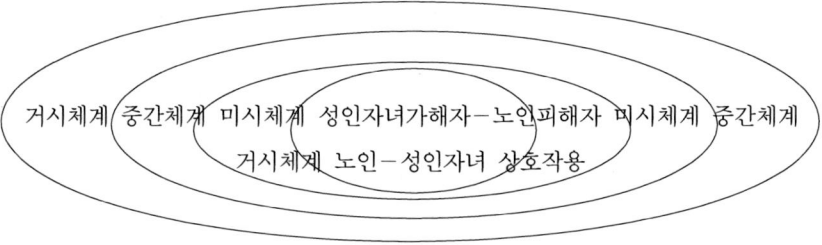

<그림 Ⅱ-1> 생태학적 노인학대 모델

2. 가정폭력접근 이론

　배우자학대 및 구타, 자녀학대 등을 위주로 발전되어온 가정폭력은 현 재는 가족 구성원 사이에서 발생하는 신체적, 정신적, 또는 재산상의 피 해를 수반하는 모든 행위를 포함한다. 따라서 가정 폭력은 동거가족뿐 아니라 같은 가구에서 생활하는 모든 근친 가족 구성원들 간의 물리적, 정신적 폭력행위를 망라하는 총체적 개념으로 인식된다(가정폭력범죄의 처벌 등에 관한 특례법; 김승권 외, 1998). 가정폭력은 발생배경부터 내적 특성 및 사회적으로 구성되는 의미에 이르기까지 일반폭력과는 구별되는 성격을 갖기 때문에(김충규, 1999) 가정폭력을 올바로 이해하기 위해서는 가해자와 관계, 자원, 사회의 규범 등을 고려해야 하며 또한 피해자 입장에서 행위의 원천, 상황 등을 동시에 고려하는 단편적인 시각보다는 총체적인 입장에서 평가, 해석하는 통시적이고 종합적인 시각이 요구된다(조민선, 1999).

비교적 연구가 진전되어온 가정폭력은 다양한 이론을 기반으로 하고 있다. 보편적으로 기존 가정폭력연구에 활용된 이론들은 개인적 관점, 사회적 관점, 사회심리적 관점, 그리고 사회구조적 관점으로 분류된다. 개인 내적 관점은 정신병리학적 접근, 성격적 특성론, 피해자 유발론 등을 기초로 설명되며 사회 심리적 관점은 사회학습이론, 좌절－공격이론, 스트레스 이론에서 주로 설명된다. 사회구조적 관점은 자원－교환이론, 성 역할 이론, 가부장제이론, 하위문화 이론 등을 주축으로 한다. 여기에 이 세 가지 관점은 모두 가해자 중심의 편향적 시각으로 이론적 전개를 유추하고 있다는 점에서 논리의 객관성이 미약하다는 비판 아래 피해자 관점의 가정폭력이론의 절충이 설득력을 얻고 있다(김승권 외, 1998; 김광일, 1999; 조민선, 1999). 본 연구에서는 가정폭력 접근이론을 근거로 한 노인학대 모델 중 부양을 근거로 한 노인학대 모델, 배우자학대를 근거로 한 노인학대 모델, 그리고 전반적인 가정폭력 이론을 통합적 관점에서 본 노인학대 모델을 설명하고자 한다.

먼저, 부양(Caregiving)을 근거로 한 노인학대 모델(Anetzberger,

2000)은 노인학대를 인지, 문제, 정신병리, 노인의 질병/장애에 대한 공감의 부족 등의 가해자 특질과 피해자 특질에서 설명한다. 부양 자체가 학대의 원인은 아니며 피해자와 가해자가 함께 하는 관계상황(Context)이 강조된다. 이 모델에서 부양은 피해자-가해자 상호작용 상황이 되며 부양과 관련된 학대를 유발하는 특별한 역동성이 제시된다. 피해자와 가해자 상호작용에 영향을 미치는 요소로는 부양기간, 강도, 유형; 문화적 가치; 가족에 대한 기대 등이며 부양자나 피부양자의 행동이나 반응도 학대를 유발하는 요인으로 제시된다. 피해자-가해자의 관계, 가족구조에 개입하고 노인보호, 권한부여(Empowerment), 노인옹호 등을 효과적 실천방법으로 제안하며 구체적 개입 서비스로 응급처치, 사회적 지원, 재활 예방 등을 제시하고 있다.

다음, 배우자 학대를 근거로 한 모델(Harris, 1996)은 내적 관계 이론(Intra-Interpersonal Thoery), 사회 스트레스모델(Social Stress Model), 배우자 학대 상황 모델(Situational Model of Spouse Abuse), 가족폭력 모델(Family Violence Model) 등을 근거로 형성되었다. 노년기의 배우자 학대를 설명하는 이 모델은 위험요인으로 6개의 인구사회학적 변인, 11개의 사회-심리적 변인 및 8개의 조절변인이 제시된다. 구체적 변인으로는 연령, 성별, 교육정도, 종교, 인종, 가구수입 등의 인구사회학적 변인; 저소득, 소수민족, 실직, 지위변동, 고립, 주거 등의 사회적 요인; 약물의존, 자존심의 저하, 가해자의 병리, 신체적 기능 등의 개인 내적 요인; 언어폭력, 부부간 불화 등이 제시된다. 이런 위험요인은 권력구조, 의존성, 종교, 폭력의 세대 간 전이, 문화적 폭력성, 연령, 교육수준 등의 조절변인의 영향을 받으며 언어적, 신체적, 성적 영역의 노년기 배우자학대를 유발한다. 학대는 결과적으로 우울, 자살기도, 수치심, 무기력, 약물의존, 신체화 현상, 자존감의 저하 등의 심리적 문제와 수동성, 수용, 관계의 단절, 대항, 신체적 질병 등의 피해를 초래한다.

마지막으로, 가정폭력에 근거한 통합적 시각의 노인학대 모델(Anetz
－berger, 1997)은 가정폭력으로서 노인학대를 조망한다. 노인학대피해자를 설명하며 특히 사회, 문화적 영향을 강조한다. 이 모델에서는 2종류의 시간체계가 고려되는데 하나는 생애 초기에 학대를 겪은 노인 피해자들이며 다른 하나는 노년기에 학대를 당한 피해자이다. 특히 노년기 학대를 당한 피해노인들에 대한 학대의 영향의 경로를 제시하고 있어 학대피해영역에 미치는 영향에 대한 설명이 가능하다.

가정폭력모델이 제시하는 실제적인 모형은 크게 원인요인(Contribu－
ting Factor), 조절/매개 요인(Mediator/Moderator Factor), 그리고 결과요인(Effect Factor)으로 구분된다<그림 Ⅱ-2>. 먼저, 원인요인은 사회문화적 배경, 피해노인의 개인적, 집단적 경험 등의 영향 변인으로서 이는 피해노인의 받는 폭력 즉 학대에 대해 노인이 지각하는 의미에 영향을 미친다. 특히 각 사회와 문화의 영향이 강조되며 여기에 집단적, 개인적 경험이 중요한 변수로 작용한다. 다음, 매개/조절요인은 노인이 인지하는 개인적인 폭력의 의미에 영향을 미치며 결과적으로 노인의 제반학대의 영향과 관련을 갖는다. 구체적으로 제시되는 조절/매개변인으로는 학대의 특성, 피해자와 가해자의 관계, 피해노인 개인의 상황 등이다. 학대의 특성은 발생한 학대의 기간, 강도, 유형을 포함하며, 피해자와 가해자의 관계정도, 피해노인의 개인적 상황(장애, 사회지원체계)으로 설명된다.

이런 모든 요인들이 역동적 영향을 미쳐 나타나는 학대의 결과의 주

요영향은 신체적, 심리적, 행동적, 사회적 피해영역으로 분류된다. 신체
적인 피해영역에서는 수면장애, 섭식 장애, 두통 등의 증상이 나타나며
심리적 피해영역에서는 부인, 공포, 두려움, 불안, 당황, 자기비난, 절망,
해리 등의 증후가 나타난다. 정신적 착각, 분노, 자살충동, 무력감, 대처
능력의 감소 등의 행동증상이 나타나며 사회적으로는 사회적 접촉의 감
소, 폭력행동, 의존, 철회 등이 나타난다.

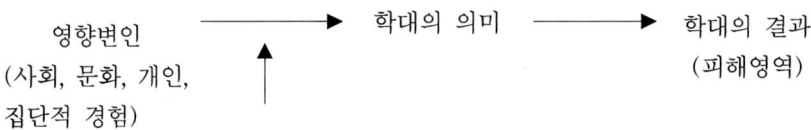

조절/매개변인
(학대의 특성, 개인적 특질, 가해자와의 관계 등)

<그림 Ⅱ-2> 가정폭력 노인학대 모델

이외에도 본 연구의 이론적 기반에 영향을 미친 이론적 기반으로는
다분야적 접근 이론을 들 수 있다. 다분야적 접근 이론은 노인의 복지가
단일 측면을 요구하지 않으며 다목적 개입이 효과가 있음을 제시한다.
다양한 분야 즉 법, 범죄관련, 의약, 간호, 사회복지, 종교, 노인단체 등
다목적 분야의 개입은 다른 접근, 다양한 경험 및 훈련, 광범위한 지역
사회 자원을 제공할 때 효과적이라는 전제를 근거로 한다. 노인학대에
대한 접근 역시 같은 맥락에서 시도된다.

Carp(2000)의 다분야적 이론을 기반으로 하는 노인학대 모델(An
Inter-disciplinary Model for Research)은 다분야적 연구를 통한 학
대 접근을 목적으로 한다. 노인의 주거를 강조하는 Take-Off 모델을
기반으로 하며 Maslow의 심리적 욕구와 욕구의 충족을 목적으로 노인

과 가족을 포함하는 타인의 수단(Means)을 설명한다. 사람(Person)과 관련된 변인으로 피부양자와 가해자의 욕구, 의존적 유능성, 피부양자의 능력과 기술, 가해자의 유능성 등이 제시된다. 이런 개인적 변인은 욕구 충족을 위한 자원과 AIDL을 위한 환경 변인으로서 자원을 요구한다. 개인내적 변인은 외부적/상황적, 개인 내적 요인 등의 조절/매개변인과 관련되어 학대 유발 상황을 설명한다.

이 모델의 장점은 다양한 외부적/상황적 요인이 학대발생에 조절 혹은 매개 변인으로 작용할 수 있음을 제시하고 있는 점이다. 구체적인 조절/매개 변인을 살펴보면 먼저, 상황적/외부적 요인으로 사회적 지위자원(소득, 교육 등); 중요한 생활사건; 사회적 지원체계; 가족가치와 상호작용 등이다. 다음, 개인 내적 요인으로 자신의 건강에 대한지각; 대처방법으로의 비관적 인식; 자기 유능성; 노인에 대한 보호제공자의 태도; 노인의 보호제공자에 대한 태도나 관계 등을 제시하고 있다.

인간 ──▶ 환경 ──▶ 적합 ──▶ 조절/매개 변인 ──▶ 결과: 학대발생

<그림 II-3> 다분야적 접근 노인학대 모델

C. 학대의 위험요인

1. 외국의 선행연구

노인학대 연구가 다른 유형의 가족학대에 비해 학문적 연구는 미비하나 학대의 원인을 밝히려는 연구는 다양하게 시도되어왔다. 보편적으로

학대연구에서 '원인'이라는 용어보다 '위험요인(Risk Factor)'이라는 용어가 선호되어지는 이유는 위험요인은 서로 다른 시각의 다양한 방법론과 표집기술을 수용하기 때문이다(Schiamberg & Gans, 1999).

위험요인에 관한 초기의 연구는 주로 피해자인 노인과 가해자의 개인적 특질을 강조하는 특징을 갖는다. 주부양자의 과부담(상황모델/Situational Model), 의존적인 노인과 가해자(교환이론/Exchange Theory), 정신적/정서적으로 혼란된 가해자(정신병리모델/Psychopathology), 아동기 학대와 방임의 영향(사회학습 이론/Social Learning Theory) 등이 주요 위험요인으로 나타났으며 이외에도 권력관계의 불균형을 설명하는 이론(페미니스트 이론/Feminist Theory), 사회내의 노인의 지위를 설명하는 접근(정치경제 이론/Political Economic Theory) 등이 다양하게 학대연구에 적용되어 왔다.

1990년대 이후 노인학대 관련요인 연구가 진전되면서 부양자와 가족간 관계를 설명하려는 노력이 진행되었다. 많은 논란을 가져왔으나 의존적 피해자와 스트레스 정도가 높은 부양자 간 관계는 연구의 초점을 피해자와 가해자의 관계의 질로 변화시키는데 합의하였고(Cooney & Mortimer, 1995; Nolan, 1993; Reis & Nahmiash, 1998; Wolf, 2000), 부양자 스트레스, 노인성 치매 등의 질환, 노인학대의 부양자와 피부양자 간 관계의 본질을 학대의 위험요인으로 제시하였다(Cooney & Mortimer, 1995; hamel et al., 1990; Nolan, 1997; Wolf, 2000). 현재는 부양자 스트레스나 부양부담을 학대 유발요인으로 간주하기보다는 가해자와 피해자 관계의 상호작용에 작용하는 중요한 변인(Anetzberger, 2000)으로 본다. 피해자의 의존성 및 가해자의 의존성; 정서, 심리, 약물남용 등을 포함하는 가해자의 정신상태; 외부 사회지원의 부족 등을 주요 위험요인으로 합의하고 있다(Phillips, 1986; Wolf & Pillemer, 1989; Reis & Nah-miash, 1998; Grafstrom, Nordberg, & Winblad, 1994; Wolf, 2000).

최근 연구는 학대 관련 요인의 복잡성과 중복성 등을 고려한 이론 및 모델들이 강세를 보이는 추세 속에 Schiamberg & Gars(1999) 그리고 Carp(1999) 등은 '생태체계모델(Ecological Model)'로 시각의 전환을 보이고 있다. 이들 모델은 처음 아동학대에(Garbarino & Crouter, 1978; Garbarino & Kostelny, 1992), 후에는 배우자학대(Chalk & King, 1998)에 적용되었다. 이 모델은 가정폭력으로서 노인학대를 개인, 관계, 사회적 맥락에서 설명하며 노인학대를 사회적 이슈로 접목시키는 장점을 갖는다. 예를 들면 Kemp(1999)는 생태체계모델에 입각하여 거시(Macro), 중간(Meso), 미시(Micro) 세 가지 수준에서의 위험요인을 설명하였다. 거시수준은 광범위한 문화 사회적 요인이다. 예를 들면, 노인차별주의는 노인에 대한 전반적 사회적 인식으로 노인 공공정책에 반영되며 외부적 스트레스는 경제상태, 실직, 범죄, 인구과잉, 지역사회와 이웃환경을 포함하는 환경조건을 말한다. 중간수준의 위험요인인 관계요인은 폭력의 순환, 역할전환, 피해노인과 가해자와의 관계의 역사 등이다. 미시수준 즉 개인적, 성격적 요인은 학대노인자신과 가해자의 개인적 요인을 의미한다.

2. 한국의 선행연구

한국의 선행연구 중 가장 진전된 분야 중 하나가 학대위험요인에 관한 연구이다. 한국 선행연구에서 나타난 위험요인을 살펴보면 노인의 개인적 요인으로 신체적, 인지적 기능 저하, 질병, 장애; 의존성 중 특히 경제적 의존 등이 제시되며 가해자의 개인적 특질로는 폭력, 약물의존 등이 나타난다. 가족 관련요인으로는 가족 간 관계, 관계의 질, 의사소통, 행동통제 등이 나타나며 한국 가족 체계상의 특징인 고부간의 갈등, 불화, 부양 스트레스가 강조되고 있다. 또한 사회, 문화적 요인으로는 효사상, 부양의식의 변화 등이 나타나고 있다. 그러나 이런 위험요인은 주로 일반노인을 대상으로 한 연구나 문헌고찰에서 도출된 것으로 실제학대의 위험요인 파악에는 제한점을 갖는다.

현재까지 한국의 선행연구에서 나타난 노인학대와 관련된 위험요인을 요약하면 <표 Ⅱ-2>와 같다.

<표 Ⅱ-2> 국내선행연구에서 나타난 노인학대 위험요인

연구자	조사대상	위험요인
한국형사정책연구원(1995)	-서울시 -60세 이상 노인 -600명	-노인의 자립능력 정도 -곁에서 타인과 함께 있는지 여부
이해영(1996)	-문헌고찰	-신체, 정신, 경제적 의존상태 -가해자의 음주, 질병, 실업, 정신장애 등의 스트레스 -가족 관계 요인: 불화 가족 간 평등의식 결여, 인간존중의 결시
한동희(1996)	-경남지역 -65세 이상 학대 경험 노인사례, 신문기사	-부양자의 무능력, 부양자 스트레스 -힘의 견제 -재산문제 -상호관계의 심리적 문제
김태현, 한은주(1997)	-문헌고찰	-노인관련 특성 -부양자 관련 변인 -가족지원 부족, 주거환경, 고부간 갈등, 고립, 가족 내 문제, 가족체계와 관련된 특징(책임감)
김현수(1997)	-서울 -65세 이상 80명	-가족관계 -수입, 결혼상태
이영숙(1997)	-군산시 -며느리동거여성	-가족 간의 지위 변화 -고부관계

연구자	조사대상	위험요인
김미경(1998)	-충주시 -경로당 이용노인 -60세 이상 300명	-인구학적 특성 -가족과의 접촉빈도
전길양, 송현애(1998)	-수도권 -60세 이상 노인 160명	-가족지지, 가족원과의 관계, 자녀와의 접촉정도
박준기(1998)	-일간지 사례분석	-심리, 감정적 요인 -경제적 요인: 재산상속, 재산 분배
이성희, 한은주(1998)	-서울 -노인동거 성인	-부양스트레스
이선이(1998)	-노인수발 여성부양자	-노인행동통제방법, 동거 가족 수, 가족스트레스 -노인 의존성
한은주(2000)	-서울 -가족동거 60세 이상 노인 200명	-미시체계변인: 성별, 교육, 용돈, 자아존중감, 의존성 -중간체계: 부양자 교육, 직업, 건강, 정서적 유대 등 -거시체계: 고립, 지역사회 인지도
박봉길(2001)	-부산, 대구 -전문가, 부/피양자	-가족관계 불일치 정도 -상호의존성
서윤(2000)	-학대경험노인	-가족의 무관심, 부양스트레스, -가해자 개인적 특성

3. 주요 학대 위험요인

노인학대와 관련된 위험요인은 다양한 관점에서 설명되고 있으나 본 연구에서는 상기 연구관련 이론 및 모델에서 언급한 생태학적 관점 노인학대 모델을 기반으로 본 연구에서 제시된 위험요인을 중심으로 고찰하고자 한다.

1) 개인적 위험요인

(1) 노인의 인구사회학적 특성

노인학대 선행연구는 보편적으로 고령의 노인이 보다 학대가 발생할 상황에 처할 위험이 높다는 결과는 제시한다(Kosberg, 1988; Lachs, 1994; Kemp, 2000). 최근 75세 이상의 후기고령기 노인의 수가 급속히 증가하는 인구사회학적 변화는 의존적 노인인구를 양산하므로 연령은 학대의 주요한 요인으로 나타나고 있다. 다음, 연령과 관련되어 나타나는 인구사회학적 특성은 성별에 대한 논란이다. 다수의 연구들(Kosberg, 1988; Lau & Kosberg, 1979)은 여성노인이 남성노인보다 학대에 취약함을 주장하였고 또 다른 연구(Pillemer & Finkelhor, 1988)들은 남성노인이 여성노인보다 학대에 취약하다는 결과를 보여주어 이런 상반된 결과는 여성, 남성 노인 모두가 학대위험에 노출됨을 시사한다(Kosberg & Nahmiash, 1996; Schiamberg & Gans, 1999 재인용). Aitkin & Griffin(1996)은 특히 가족과 관련된 학대연구에서 성별의 문제가 다시 구성되어야함을 강조하고 있다(Schiamberg & Gans, 1999).

노인의 교육수준은 간접적으로 학대에 영향을 미치는 인구사회학적 특성 중 하나이다. 다수의 연구결과(Shiferaw et al, 1994; 한국형사정책 연구원, 1995; 이선이, 1998; 한은주, 2000 재인용)는 교육수준이 낮은 노인이 학대를 좀더 많이 받는 것으로 제시하며 교육수준이 다른 요인에 미치는 영향을 설명하고 있다. 노인의 경제상태 정도는 학대에 영향을 미치는 요인으로 주로 경제상태 의존도로 제시된다. 경제상태 의존 역시 논란을 가져오는 요인으로 노인의 보호제공자에 대한 경제적 의존과 동시에 가해자의 노인에 대한 경제적 의존이 동시에 나타나고 있다(Wolf, Strugnell & Gordin, 1982; Kemp, 2000 재인용). 이외에도 노인의 종교, 결혼상태, 자녀와의 동거여부 등이 자주 학대 위험요인과 관련되어 거론되는 요인들이다.

한국의 선행연구 에서는 노인의 인구사회학적 특성을 포함하는 개인적 특질이 강도 높게 위험요인으로 제시되고 있다. 우성 고령의 여성노인이 학대의 주 대상으로 나타나고 있으며(전길량, 송현애, 1998; 한동희, 1996; 한동희, 2000, 한은주, 2000). 특히 자녀에 대한 경제상태 의존도가 위험요인으로 제시되고 있다(이해영, 1996; 김태현, 한은주, 1997).

(2) 기능수준 및 의존성

노인의 신체적/인지적 기능수준은 학대에 영향을 미치는 주요요인으로 제시된다. 손상된 기능수준(Comijs et al, 1998), 신체, 인지적 기능저하(Lachs et al, 1997)는 학대와 강한 상관관계를 갖는 요인이다. 건강한 기능을 유지하는 노인은 학대에 보다 효과적으로 대처하나 기능수준이 저하된 노인은 대처 가능한 개인, 심리적 자원이 부족하다. 신체적 제한을 가진 노인은 자신의 방어, 학대에의 저항, 원조요청이 제한되며 심각한 치매증상을 보이는 노인이 학대를 타인에게 설명하거나 이해시키기는 어렵다. 그러나 Pillemer(1995)는 노인의 신체, 인지기능 손상이나 과도한 의존성과 학대위험요인의 증대 간에 인과관계가 존재한다는 구체적 증거가 없음을 언급하였고, Phillips의 연구결과도 노인의 기능손상정도에 근거한 학대의 차이를 발견할 수 없었다. Lachs & Pillemer(1995)는 노인의 기능수준이 학대를 유발한다기보다는 학대상황을 벗어나거나 자신을 방어하는 능력을 제한시키는 요인으로 보았다.

선진 외국의 경우 1980년대 연구결과들은 교환이론에 근거하여 의존적 노인으로 인한 부양 부담을 위험요인으로 보았다(Hickey & Douglass, 1981; Steinmetz & Amsden, 1983; Steinmetz, 1988; Caruana, 1996; Comijs et al. 1998). 노인의 의존성과 부양부담에서 기인한 높은 정도의 가족 스트레스(blenkner, 1965; Steinmetz, 1978, 1980, 1988)는 잠재적인 폭력을 초래한다(이선이, 1998). 그러나 현재 의존성연구는 다른 양상을 보이고 있다. 즉 최근 다수의 연구들이 노인의 의존성과 동시에 보호제공자의 노인에 대한 의존성을 주목하였고 학대적 보호제공자의 역기능과 의존성을 위험요인으로 제시하였다. Wolf, Strugnell, & Godkin(1982)의 연구에서는 가해자의 2/3가 노인에게 경제적으로 의존적임을 발견하였고, Pillemer(1985) 역시 학대노인 집단비교연구에서 학대노인의 건강상태가 학대를 경험하지 않은 노인들보다 심각한 상황이 아니며 가해적 보호제공자들이 경제적으로 노인에게 의존적임을 발견하였다.

한국 선행연구에서는 노인의 기능수준이 학대에 영향을 미친다는 결과가 지배적이다. 노인의 신체, 인지적 건강정도가 학대에 영향을 미치며(이해영, 1996; 김미경, 1998; 이선이, 1998) 특히 치매(김태현, 한은주, 1997)등과 같은 인지 손상과 관련된 질병은 영향력 있는 위험요인으로 설명된다. 또한 경제적 의존성을 위험요인으로 강도 높게 제시하고 있다(윤진, 1994; 한동희, 1996; 이선이, 1998; 한은주, 2000). 노인의 의존성이 높아질 경우 부양가족에게 문제를 야기 시키며 사회적 지원체계가 확실치 못한 한국 상황에서 학대를 유발하기 쉽다는 설명이 설득력을 얻고 있다.

2) 가족 관련 위험요인

(1) 가족기능 및 구조

시대와 문화에 따라 가족을 정의하는 방식은 다르며(Collins, Jordan & Coleman, 1999) 가족구조와 기능도 차이가 있으나 현대의 이상적인 가족은 보편적으로 잘 기능하는 가족을 의미한다. 노인가족은 가족주기 발달 상 주요한 적응상의 과업인 질병, 은퇴, 사별 등에 직면하여 가족의 지지와 상실에 대한 적응, 방향의 재설정과 재조직을 필요로 한다(김유숙, 2001). Hicky & Douglass(1981)는 가족생활주기에 근거한 노인학대 모델을 제시하고 가족발달 단계의 역기능을 학대원인으로 보았다. 가정 내의 구조적 상황특성과 관련된 스트레스가 증가할 때 학대적 부양자는 취약한 가족구성원인 노인에게 직접적인 학대행위를 유발한다(Phillips, 1986). 일부 연구는 가족의 상호작용 형태와 상황적 요인을 함께 규명하는 사정방법이 효과적임을 제시하고 있다(Baumhover & Beall, 1996; Bennett & Kingstone, 1993; 박봉길, 2000 재인용).

한국의 급속한 사회적 변화는 가족구성 및 체계에 많은 변화를 가져왔다. 가족구조변화의 가장 큰 특징은 가족규모의 축소로 결과적으로 핵가족이 급속히 증가하고 있다. 이러한 현상은 가족기능을 변화시켜 전반적으로 현대가족의 기능은 축소, 상실되고 있다. 특히 가족의 사회보장 기능이 감소되어 노인부양문제를 야기하며(김승권 외, 2000) 학대 등의 문제로 노출되고 있다. 선행연구들은 보편적으로 가족적 특질을 위험요인으로 제시한다. 가족구조 및 기능과 관련된 구체적 변인으로는 가족체계와 관련된 특징으로 책임감(김태현, 한은주, 1997), 가족관계(김현수, 1997), 고부간 지위변화, 고부관계(이영숙, 1997), 가족관계 불일치(박봉길, 2000) 등으로 나타났다.

(2) 가족 결속력

가족결속력은 가족의 구조 및 기능과 관련되는 요인으로 다른 형태의 가족폭력에서의 연구에 비해 노인학대 연구에서는 비교적 연구진전이 늦은 관련요인이다. 이는 노년기 이후의 가족주기에서는 가족구성원인 자녀가 독립하여 다른 가족을 형성하게 되고 노년기 가족구조나 기능이 다른 시기의 가족주기에 비해 연구가 미비하기 때문으로 판단된다. Kim(1997)의 소수민족 노인학대 연구에서는 학대노인 가족의 결속력이 위험요인으로 제시되고 있다. 즉 노인을 포함한 혹은 노인이 제외된 가족결속력이 학대에 영향을 미친다. 가족구조와 기능이 변화하고 핵가족이 증가하는 상황에서 노인을 부양하는 가족의 결속력은 학대에 영향을 미치며 노인의 심리적 복지와 밀접한 관계를 갖는다.

(3) 관계 만족도

부모와 자녀의 관계, 부모의 자녀에 대한 만족도 등이 노인학대의 위험요인으로 나타난다. 노인과 자녀의 관계 만족도는 특히 노년기 부양에 영향을 미치는 요인이다. 사회교환이론은 가족 내 노인학대에서의 가족

관계를 설명한다. Antonucci(1985, 1990)는 노인은 자신이 자녀를 부양한 대가를 노년기에 보상받으려하며, Hareven(1996)은 이전의 가족 생활주기에서 자녀에게 확대되었던 부모의 원조가 후기 생활주기에는 성인자녀들의 노부모 부양에 집중됨을 설명하였다. Rossi & Rossi (1996)는 전기의 가족 생활주기에서의 부모－자녀 관계정도가 후기 생활 주기의 자녀의 노부모 부양의 질과 정도를 결정한다고 보았다. 더욱이 노인과 자녀의 '공유된 과거'는 가족의 역사를 형성하며 노인과 자녀에게 독특한 관계를 형성하여 학대에 영향을 미치게 된다.

한국의 선행연구에서도 관계 만족도는 중요한 위험요인으로 제시되고 있다. 이해영(1996)의 연구는 가족관계요인을 위험요인으로 제시하였다. 한동희(1996) 또한 노인과 자녀의 관계의 역사 속에서 관계정도를 위험요인으로 보았고 특히 만족도가 낮았던 고부간의 관계가 노인이 부양을 받는 상황이 되었을 때 학대를 유발함을 보여주었다. 전길양, 송현애 (1998)는 노인이 배우자나 자녀와의 관계 만족도가 높을수록 학대경험이 낮으며, 한은주(2000)의 연구결과에서도 관계 만족도는 정서, 신체, 재정적 학대에 공통적으로 영향을 미치는 요인으로 나타났다.

3) 사회, 문화적 위험요인

(1) 사회적 지원체계 및 고립

고립은 개인적 요인이면서 동시에 피해자와 가해자의 관계요인으로 고려된다. 개인적 위험요인으로 고립은 잠재적인 다른 위험요인들과 관련된다. 노인들은 거시적 수준에서는 사회의 노인차별주의로 인하여 소외되며 개인적 차원에서는 정신적, 신체적 무능으로 고립된다(Kemp,1998;

Abraham, 2000). Wolf(1996)는 고립이 특히 재정적 학대, 방임과 강한 관련성이 있음을 제시하였다. 즉 이 유형의 학대와 관련되는 고립은 노인 행동통제 수단으로 사용되며 노인을 원치 않는 장소로 이주시키는 행위 등을 포함한다. 가해적 보호제공자는 다른 가족구성원, 친구, 친지들을 의도적, 간접적으로 노인주변에서 제거한다. 노인의 양호한 사회적 관계망은 학대의 노출을 우려하는 가해자에게 학대를 감소시키는 작용을 하므로 보호요인이 된다(Brandl, 2000). 그러나 Gilliland & Jimenez(1996)의 미국학대피해 노인의 사회적 고립에 비해 소수민족인 코스타리카의 노인의 사회적 고립정도가 낮다는 연구결과는 고립이 반드시 위험요인은 아니며 문화적 차이가 반영됨을 설명하고 있다(한은주, 2000 재인용).

한국에서의 위험요인으로서 노인의 고립은 고립(김태현, 한은주, 1997), 가족과의 접촉빈도(김미경, 1998), 자녀와의 접촉빈도정도(전길양, 송현애, 1998), 사회적 고립, 친인척 접촉정도(한은주, 2000), 사회적 지지의 부족 등 다양한 용어로 제시된다. 한국 상황에서 일차적 지원망인 가족과의 접촉의 정도가 노인의 사회적 관련정도를 시사하며 이는 학대에 영향을 미치는 것으로 나타나고 있다.

(2) 원조요청

한 문화권 하에서 노인학대는 보다 명백하게 드러나나 다른 사회에서의 노인학대는 해석하기 어려운 미묘한 문제로 은폐되기 쉽다. 이는 노인학대가 노인이 속한 사회의 문화, 가족의 상황에 영향을 받기 때문이다. 원조요청 행동 또한 문화의 영향을 받는다(Pablo & Braun, 1997). Moon & Williams(1993)의 연구에 의하면 한국계 미국인들이 다른 소수민족에 비하여 비공식적 원조를 구하는 것으로 나타났다.

한국의 경우, 가족 구성원에 의한 노부모 학대 중 피해자의 반수 이상이 끝까지 참고 일방적으로 당하는 매우 수동적 대처유형을 보였고 (조애저 외, 1999) 원조요청 반응을 나타내지 않았으며 특히 비신체적 학대 상황보다 신체적 학대 상황에서 더욱 수동적 반응이 나타났다(최해경, 1993). 이는 가해자인 가족 구성원에 대한 안전과 자신의 체면 등을 중시 여기는 현상으로 판단되며 이러한 원조 요청 태도는 한국 상황에서 노인의 학대피해 정도와 강한 상관관계를 갖는다.

(3) 부양기대감

일반적으로 부양기대감은 외국 소수민족의 노인학대 연구에서 강도 높게 제시되는 위험요인이며 동시에 보호요인으로 간주된다. Kim(1997)은 베트남의 노인학대 연구에서 노인들의 부양기대감 및 효 사상과 자녀들의 변화된 환경의 불일치를 학대위험요인으로 보았고, Nagpaul(1997)은 아시안 인디언들의 노인학대 연구에서 지배적 사회구조와 문화가치 중 자녀의 공경을 기대하는 부양기대감이 세대 간 차이(Gap)로 작용함을 제시하였다. Moon(2000)은 문화가 다른 소수민족간 노인학대 연구결과, 한국을 포함하는 아시아의 소수민족이 노인학대를 가족관계문제로 인지하는 경향이 높음을 지적하고 효 사상, 부양기대감 등의 위험요인을 설명하였다. 또한 선행연구들은 노부모가 효에 대한 의무감의 기대가 높을수록 심리적 복지가 낮음을 보여주고 있다(Quinn, 1983; Lee et al, 1995; 한은주, 2000에서 재인용). 전길양, 송현애(1997)는 노인의 지나친 부양기대가 자녀에게 부담감을 유발하거나 자녀와의 기대수준에 불일치를 가져와 상대적인 학대경험을 높게 하고 부정적 영향을 주는 것으로 설명하고 있다.

4) 학대의 특성

(1) 학대유형과 기간

다른 가족학대의 분야와 마찬가지로 발생한 학대의 특성 자체는 학대로 인한 피해와 강한 상관관계를 갖는 것으로 나타났다. 신체적, 심리적, 재정적, 방임 등 다양한 학대유형은 실제적인 심리적 충격을 발생시키며 동시에 특수한 신체적 증상을 유발한다. 피해자 연령의 고령화와 관계없이 모든 유형의 학대충격에 대한 재 적응이 요구되므로 심각한 신체적 학대의 외상적 충격도 간과할 수 없다. 사실상 노인들은 신체적 상처를 입기 쉬운 동시에 심한 정신적 충격을 받는다. 예를 들면, 신체적 학대 중 보호제공자들이 외출 시 노인이 움직이지 못하도록 감금하는 행위는 노인을 격리시키는 영향을 가져온다. 사회적 접촉과 자극은 인간 기능과 발달에 필수적이기 때문에 격리는 노인이 경험하는 다른 모든 학대에 비해 충격을 더하게 된다(Kemp, 1998). 학대기간과 강도 또한 중요한 요인으로 작용한다. 오랫동안 학대피해를 입은 노인은 만성질환과 유사한 영향을 보이며 강도가 심해짐에 따라 학대결과 발생하는 노인의 충격과 영향은 증폭된다.

한국 선행연구의 학대유형에 관한 결과를 보면 김한곤(1988)의 연구에서는 언어학대, 방치, 경제적 착취, 신체적 학대의 순으로 높게 나타났고 조애저 외(1999) 연구결과 발생한 학대 유형은 신체적 학대 정도가 가장 낮았고 언어, 심리적 학대가 가장 높게 나타났다. 학대기간을 살펴보면 노인들은 지난 1년 동안 평균 3.6회 정도의 학대를 경험한 것으로 파악되었다. 서윤(2000)의 학대피해 노인을 대상으로 한 사례연구의 경우 중복학대가 가장 높게 나타났으며 재정학대와 방임의 혼합형태가 가장 빈번한 학대유형으로 드러났다.

(2) 가해자와의 관계

피해자와 학대적 보호제공자와의 관계는 학대에 영향을 미치는 중요
한 변수이다. 가해자가 노인과 가까운 관계의 사람이라면 노인은 보다
심한 감정적 동요, 실망, 배신감을 경험한다. Pillemer & Suitor(1988)
는 가해자와의 관계의 질이 학대에 미치는 영향에 관한 연구에서 노인
의 건강상태, 의존도, 가족구성원 역할수행의 만족, 위치의 유사성(예를
들면 노인과 자녀모두가 어머니일 때) 등을 노인과 성인자녀와의 관계
요인으로 제시하였다. 학대적 배우자와 관계요인으로는 심리적 안녕감,
실직, 퇴직 등 지위의 전이, 가족구성원의 역할수준 만족정도, 가치의 유
사성, 평등과 공평, 광적 신앙 등이 설명된다. 또한 가해자와 동거여부
(Comijs, Smit, Pot, Bouter & Jonker, 1998)도 위험요인으로 제시되
고 있다.

선행연구에서 나타난 가족가해자 특성을 일반화한다면 '전형적' 학대적
보호제공자들은 중년의 일정소득이 없는 개인들로 다수가 알코올, 약물
문제를 가지고 있다. 또한 심한 의존적 장애, 부모로부터 독립이나 자신의
독립적 삶의 영위에 어려움을 겪는 것으로 나타난다. Wolf(1986)는 의존
적 성인자녀가 부모를 학대할 때 부분적으로 자신의 무력감에 기인한다고
설명하였고 Pillemer는 부모에게 의존적인 중년은 사회의 기대에 역행함
을 관찰하였다. 즉 노부모를 향한 폭력의 행사는 자신의 부적절감을 극복
하기 위한 한 방법이 된다. Lachs & Pillemer(1995)는 노인학대와 관련
된 보호제공자의 세 가지 특질로 정신장애의 문제, 약물남용, 폭력행동을
제시하였다.

한국의 다수의 선행연구는 가해자와의 관계를 의미 있는 관련 변인으로 제시하고 있다. 심층적 연구인 한동희(1996)의 연구는 가해자와 피해자의 힘의 견제, 상호관계의 심리적 문제 등을 위험요인으로 들었다. 조애저 외(1999)의 연구에서 피해노인과 가해자와의 평소관계는 34.0%가, 서윤(2000)의 조사에서는 96.5%가 좋지 않은 것으로 나타났다. 피해자와의 관계를 살펴보면, 한국의 경우 직접학대피해자나 가해자를 대상으로 한 조사가 거의 전무하나 박준기(1998)가 신문사례를 중심으로 분석한 연구결과에서 가해자는 30대 남자가 가장 많았고 아들, 며느리, 손 자녀, 배우자의 순으로 주부양자가 동시에 가해자로 나타나고 있다. 서윤(1998; 2000)의 존속범죄를 통한 연구에서도 가해남성이 여성에 비해 압도적으로 많았고(8.3배) 피해자와 동거하는 경우에 학대발생이 높게 나타났다.

본 연구에서는 '원인'이라는 용어보다 '위험요인(Risk Factor)'이라는 용어를 선택하여 선행연구에서 고찰한 위험요인을 생태학적 관점에서 조망하였다. 본 연구에서 개인적 위험요인이라 함은 구체적으로 노인의 개인적 특성과 기능수준을 말한다. 가족적 위험요인은 관계 만족도, 가족기능, 가족 결속력을 포함하며 사회, 문화적 위험요인은 부양기대감, 원조요청, 사회적 지원을 포함한다. 학대의 특성은 발생한 학대의 성질(Nature)을 말하며 학대의 기간, 유형, 가해자와의 관계정도를 의미한다.

D. 학대의 피해영역

노인학대에 관한 연구가 진전되고 있으나 학대의 영향으로 인한 노인의 피해에 관한 연구는 드물다. 이런 이유는 학대연구의 본질적 제한점과 더불어 학대의 영향이 노화과정, 질병 등과 결합되어 나타나기 때문이며(Wolf, 2000) 또한 노년기가 생활주기의 마지막 단계라는 인식 하에 노인학대의 결과나 피해를 중시하지 않는 것으로 판단된다.

가장 연구가 발전된 분야는 학대피해의 심리적 영역으로 일반노인과 비교연구 결과에서 학대피해노인의 우울증이나 디스트레스가 높게 나타났다(Bristowe & Collins, 1989; Phillips, 1983; Pillemer & Prescott, 1989; Comijs et al., 1999; Wolf, 2000). Hwalek(1987)는 학대피해 노인들이 절망, 고독, 타인과의 고립감을 느끼고 있음을 보여주었고, Lau & Kosberg (1979)의 사례연구에서는 학대피해노인들의 보편적 반응으로 거부, 포기, 철회 등이 나타났다. 학대 관련 임상가들은 학대피해노인들이 학대피해 아동과 유사한 증상을 보인다고 설명하고 있다. 즉 신체적으로는 섭식 장애; 두통, 우울과 불안 등의 심리장애; 혼란과 분노를 동반하는 행동장애; 의존과 철회 등의 사회적 문제가 나타난다(Chen, Bell, Dolinsky & Dunn, 1982; Finkelhor & Pillemer, 1984; Kosberg, 1990; Pillemer, 1985; Quinn & Tomita, 1986). 이외에도 노인학대의 주요영향으로 학대 후 학습된 무기력, 정신분열, 죄의식, 수치심, 공포, 불안, 거부, 외상 후 스트레스 장애 등이 나타난다(Solomon, 1983; Booth, Bruno, & Marin, 1996; Goldstein, 1996; Wolf, 2000).

노인에게는 신체적 증상이 보다 분명하게 나타난다. 손목과 발목, 가슴주위, 팔 아래 부위에 마찰에 의한 상처(이런 상처는 보호제공자가 노인을 강제로 묶을 경우 주로 발생한다), 때리기, 밀기, 차기, 주먹으로 치기 등으로 발생한 멍든 상처, 피부탈색, 고의적으로 남겨진 화상상처, 골절, 염좌, 찢긴 상처, 찰과상 등이 자주 나타나는 징후이다. 방임의 신체적 징후로는 심각한 영양부족, 탈수현상, 처방전과 불일치되는 혈액

수준, 야뇨증, 피부발진, 창백한 피부, 눈동자의 함몰, 안경, 보청기, 의료 도구의 부족, 비위생적이거나 열악한 주거환경 등이 나타난다. 또한 최근의 연구는 학대가 피해 노인 사망의 위험요인이 될 수 있음을 제시하였다(Lachs et al., 1998).

Kemp(1998)는 학대의 피해는 학대결과로 나타나는 증상들에서 추론이 가능함을 설명한다. 노인학대의 심리적 증상은 우울과 불안의 징후 및 증상으로 나타난다. 구체적으로 정상인보다 매우 많거나 부족한 수면 장애, 식욕의 증가나 감소를 동반하는 섭식 장애, 에너지 손상과 무기력, 주관적인 우울, 불안, 분열 등의 감정, 사물에 대한 관심의 감소, 격리 및 철회 등이 나타난다. 행동적 증상은 응급 의료처치, 빈번한 주 부양자의 변화, 의료원조 요청의 지원, 쉽게 놀라거나 당황함, 동요나 떨림, 대화를 회피하거나 주저함, 상황에 대한 받아들이기 어렵거나 모호한 설명 등이다. 또한 적절한 보호의 박탈, 음식물, 의료처치 등에 대한 접근성 저하로 나타나는 다른 영향으로 질병율의 증가, 기능적 장애, 인지적 기능 손상의 악화 등을 들 수 있다. 재정적 학대의 징후는 더욱 더 발견되기 어려운 징후들로 복합적으로 나타난다. 결과적으로 노인은 학대 후 신체, 기능, 심리, 경제적 능력의 감소로 시설에 조기수용 되거나 조기 사망에 이르기 쉬우며 삶의 질과 안녕감이 저하된다(Choi & Mayer, 2000).

한국의 노인학대피해에 관한 연구는 학대피해 노인을 대상으로 한 연구가 미비하여 더욱 낙후된 분야이다. 조애저 외(1999)의 연구결과 노인의 8.5%가 신체적 증상을 보였고 두통, 골절상, 입원치료를 받아야 할 정도의 쇼크가 나타났다. 가장 두드러진 정신적 증상은 자신에 대한 실망, 무력감, 자아상실, 불안, 우울 등이며 죽고 싶다는 생각이 높게 나타났다. 신체적, 정신적 증상을 보인 노인의 14% 정도가 의료처치를 받은 경험이 파악되었다. 김미경(1998)의 노인학대가 노인의 심리적 스트레스에 미치는 영향의 연구에서는 노인의 우울 및 불안에 정서적 학대, 신체적 학대, 방임 순으로 정적 영향을 미치고 있음이 나타났다.

본 연구에서 학대피해라 함은 학대 후 결과로 발생할 수 있는 피해자화의 영향으로 정의하고 가족폭력을 근거로 한 모델(Anetzberger, 1997) 및 노년기 배우자 학대 모델을 적용하여 신체, 심리, 행동, 사회 영역으로 분류하였다.

E. 연구모형 및 가설

1. 연구모형

본 연구는 이론적 배경에서 제시한 생태학점 관점과 가정폭력 노인학대 이론에 근거하여 개인적, 가족적, 사회문화적 위험요인을 도출하여 독립변수로 설정하였고, 학대피해노인에게 학대의 결과로 발생하는 신체적, 심리적, 행동적, 사회적 피해영역을 종속변수로 설정하였다. 또한 학대의 위험요인이 발생한 학대의 특성을 경로로 하여 학대의 피해영역에 영향을 미칠 것이라는 연구모형을 설계하였다. 즉 학대의 위험요인 및 학대의 특성이 학대피해영역에 미치는 영향을 파악하고 변인들의 관계구조 검증을 목적으로 아래 <그림 Ⅱ-4>와 같은 연구모형을 설정하였다.

학대위험요인   학대피해영역

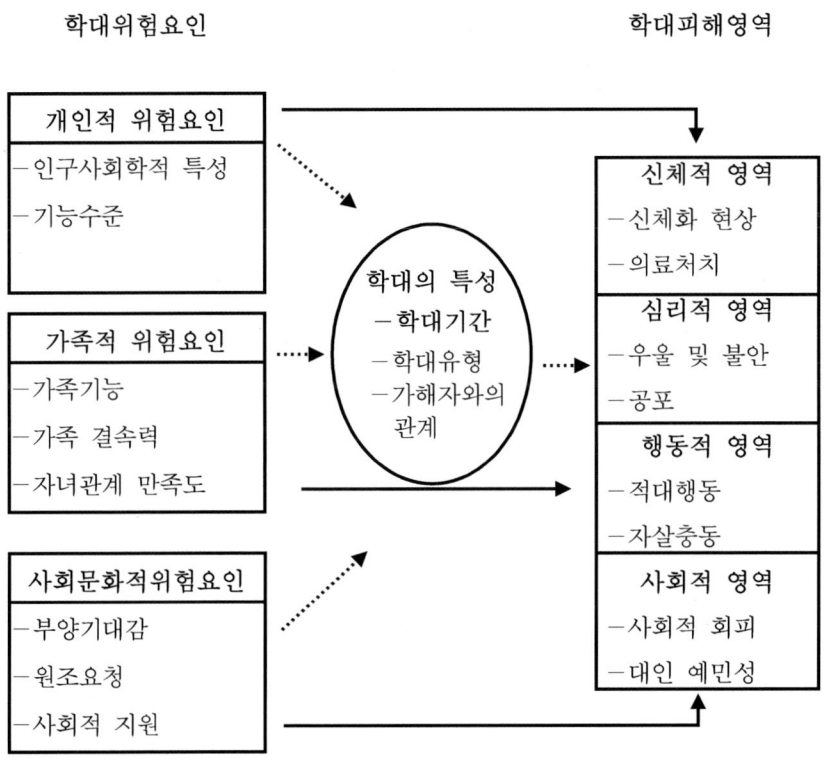

<그림 Ⅱ-4> 연구모형

2. 연구가설

1) 학대의 위험요인과 학대특성에 관한 가설

가설 1. 학대의 위험요인은 학대의 특성에 영향을 미칠 것이다.

　가설 1-1. 학대의 개인적 위험요인은 학대의 특성에 영향을 미칠 것
　　　　　이다.
　가설 1-2. 학대의 가족적 위험요인은 학대의 특성에 영향을 미칠 것
　　　　　이다.

가설 1-3. 학대의 사회, 문화적 위험요인은 학대의 특성에 영향을 미칠 것이다.

2) 학대의 위험요인과 학대피해영역에 관한 가설

가설 2. 학대의 개인적 위험요인은 학대피해영역에 영향을 미칠 것이다.

가설 2-1. 학대의 개인적 위험요인은 학대의 신체적 피해영역에 영향을 미칠 것이다.

가설 2-2. 학대의 개인적 위험요인은 학대의 심리적 피해영역에 영향을 미칠 것이다.

가설 2-3. 학대의 개인적 위험요인은 학대의 행동적 피해영역에 영향을 미칠 것이다.

가설 2-4. 학대의 개인적 위험요인은 학대의 사회적 피해영역에 영향을 미칠 것이다.

가설 3. 학대의 가족적 위험요인은 학대피해영역에 영향을 미칠 것이다.

가설 3-1. 학대의 가족적 위험요인은 학대의 신체적 피해영역에 영향을 미칠 것이다.

가설 3-2. 학대의 가족적 위험요인은 학대의 심리적 피해영역에 영향을 미칠 것이다.

가설 3-3. 학대의 가족적 위험요인은 학대의 행동적 피해영역에 영향을 미칠 것이다.

가설 3-4. 학대의 가족적 위험요인은 학대의 사회적 피해영역에 영향을 미칠 것이다.

가설 4. 학대의 사회, 문화적 위험요인은 학대피해영역에 영향을 미칠
것이다.

가설 4-1. 학대의 사회, 문화적 위험요인은 학대의 신체적 피해영역에
영향을 미칠 것이다.

가설 4-2. 학대의 사회, 문화적 위험요인은 학대의 심리적 피해영역에
영향을 미칠 것이다.

가설 4-3. 학대의 사회, 문화적 위험요인은 학대의 행동적 피해영역에
영향을 미칠 것이다.

가설 4-4. 학대의 사회, 문화적 위험요인은 학대의 사회적 피해영역에
영향을 미칠 것이다.

3) 학대의 특성과 학대피해영역에 관한 가설

가설 5. 학대의 특성은 학대의 피해영역에 영향을 미칠 것이다.

가설 5-1. 학대의 특성은 학대피해의 신체적 영역에 영향을 미칠 것
이다.

가설 5-2. 학대의 특성은 학대피해의 심리적 영역에 영향을 미칠 것
이다.

가설 5-3. 학대의 특성은 학대피해의 행동적 영역에 영향을 미칠 것
이다.

가설 5-4. 학대의 특성은 학대피해의 사회적 영역에 영향을 미칠 것
이다.

4) 학대위험요인, 학대의 특성과 학대피해영역에 관한 가설

가설 6. 학대의 위험요인, 학대의 특성은 학대피해영역에 영향을 미칠 것이다.

  가설 6-1. 학대의 위험요인은 학대의 특성을 경로로 하여 학대의 피
           해영역에 간접적 영향을 미칠 것이다.
  가설 6-2. 학대의 위험요인, 학대의 특성은 학대피해영역에 직접적 영
           향을 미칠 것이다.

Ⅲ. 연구방법

A. 연구대상 및 표집 방법

본 연구의 대상은 전문사회복지사가 가족 구성원에 의한 학대를 경험했거나 경험하고 있음으로 판단하여 추천한 60세 이상의 지역사회 거주 노인을 원칙으로 하였다. 본 연구는 노인학대를 가정폭력의 관점에서 조명하므로 가족구성원에 의한 학대를 중심으로 하였으므로 시설에서 발생한 학대는 제외하였고 직접 면접조사를 실시하여 심한 치매노인 등 면접이 불가능한 노인은 제외되었다.

표집 방법은 주로 목적적 표집 방법을 활용하였다. 표집기관은 접근성의 제한으로 서울 경인 지역을 중심으로 하였으며 크게 3가지로 분류된다. 먼저, 한국 최초이며 유일한 노인학대 상담센터에 전문가가 학대로 판단한 상담의뢰 노인을 대상으로 하였다. 즉 노인학대 상담센터 사회복지전문가에 의하여 학대임이 판명되고 상담소에서 상담을 진행 중이거나 종료된 23명의 노인을 대상으로 하였다.

다음, 서울 경인 지역의 모든 노인종합복지관에 사례협조를 의뢰하고 전수조사를 실시하여 이 중 재가담당 사회복지사가 학대로 판단하여 추천하는 지역사회거주 노인을 대상으로 하였다. 조사과정에서 협조를 거부하거나 학대사례가 없다고 응답한 경우, 혹은 본 연구의 학대사례에 해당되지 않는다고 판단된 경우를 제외한 17개소를 조사하여 61명의 노인이 최종 포함되었다. 마지막으로 노인종합 복지관과 관련된 쉼터(노인

62

의 집 등)에 협조를 의뢰하여 학대를 경험한 노인을 조사 대상으로 하였다. 본 연구의 조사대상은 상담센터나 노인종합 복지관에서 상담을 의뢰하여 진행 중이거나 종료된 지역사회 거주 재가노인들을 원칙으로 하였으므로 이미 시설로 이주한 노인들이 포함된 경우 시설 거주기간은 1년 미만으로 제한하였다. 이외에 빈곤 지역 및 철거지역 종합사회복지관 4개소, 일반 노인전화상담 기관 1개소의 18명의 노인이 포함되었다.

B. 연구절차

예비조사는 2001년 12월 1일부터 12월 15일 까지 학대상담센터 및 쉼터에서 본 연구자가 5명을 대상으로 실시하였다. 예비조사 결과 설문지 총 문항이 길거나 중복되는 부분을 수정, 단축하였고 조사 대상자인 노인들이 이해하기 쉽도록 설문문구를 수정하여 활용하였다.

본 조사는 2002년1월 1일부터 2002년 3월까지 3개월에 걸쳐 이루어졌다. 우선, 노인학대 상담센터에 2001년 1월부터 12월까지 1년간 상담 의뢰 노인 중학대로 판단된 노인 123명을 대상으로 조사에 착수하였다. 123명 전원을 전화, 방문 등 모든 가능한 연락 및 접촉을 통하여 소재지 파악을 시도하였으나, 면접을 위한 방문이 가능하고 본인이나 가족이 면접에 동의한 노인 23명을 최종 면접조사 하였다. 조사율이 낮은 이유는 가해자로부터의 위험 가능성이 있는 경우, 학대피해노인이 노출을 꺼려 거부한 경우, 가족이 동의하지 않는 경우, 그리고 1년간의 시간경과 동안 노인이 사망했거나 실종된 경우, 소재지를 파악할 수 없는 경우가 많았기 때문이었다.

다음, 서울 경인 지역 노인종합 복지관 및 빈곤, 철거지역 종합사회복지관의 경우는 재가노인사회복지 담당자에게 공문발송, 전화, 방문 등을 통하여 협조를 의뢰하고 학대 사례가 있고 방문 면접이 가능했던 노인들 61명이 최종 포함되었다. 마지막으로 쉼터, 무인가 노인 단기시설 등의 노인 18명이 포함되어 최종 실제 분석에 사용된 설문지는 총102부였다.

본 연구의 조사 자료는 구조화된 설문지를 이용하여 위에서 언급된 조사대상자로 선정된 노인 가구를 직접 방문하여 면접조사를 시행하였다. 방문 조사자들은 총 15명이었으며 사회복지전공자로 4학년 이상 대학원 학생으로 조사 실시 전 조사내용 및 방법, 그리고 학대조사 시 유의사항에 대한 교육을 실시한 후 시행하였다.

C. 측정도구

1. 변수의 구성

본 연구에서 사용한 변수의 유형과 변수별 측정도구를 제시하면 <표 Ⅲ-1>과 같다.

<표 Ⅲ-1> 변수 및 변수별 측정도구

구 분		측정 변인	척 도
위험요인	개인적 위험요인	인구사회학적 특질 기능수준	IDL, IADL, 인지
	가족적 위험요인	가족기능 가족 결속력 자녀관계 만족도	문제해결, 의사소통, 정서적 반응
	사회, 문화적 위험요인	부양기대감 사회적 지원 원조요청	s자녀, 친척, 단체 접촉정도 원조요청
	학대의 특성	학대기간 학대유형 가해자와의 관계	노인학대유형 가해자와 평소관계
학대피해영역	신체적 영역	의료처치 신체화 현상	진료경험 SCL-90-R
	심리적 영역	우울 및 불안 공포	SCL-90-R
	행동적 영역	적대행동 자살충동	SCL-90-R SSI
	사회적 영역	사회적 회피 대인 예민성	SADS SCL-90-R

2. 측정도구

1) 개인적 위험요인

노인학대의 개인적 위험요인은 선행연구에서 관련이 있는 요인으로 나타난 인구사회학적 특성과 기능을 측정하였다.

(1) 인구사회학적 특성

인구사회학적 특성은 선행연구에서 나타난 성별, 연령, 교육수준, 종교, 자녀수, 경제상태 의존도, 가구 소유주, 현주소지 거주기간, 질병상황을 측정하였다.

(2) 신체적, 인지적 기능

신체적 기능(ADL/IADL)과 인지적 기능정도를 측정하기 위하여 권중돈(1994)의 측정도구와 Poulshock & Deimling(1984)의 측정도구에서 26문항을 발췌 사용한 김선희(1995)의 측정도구를 활용하였다. 26항의 하위변인은 IDL수행상의 의존도 측정을 위한 8항목, IADL 수행상의 의존도를 측정하기 위한 4항목, 인지적 기능의 손상을 측정하기 위한 14항목으로 구성되었다. 김선희(1995) 연구의 신체적 손상에 대한 측정도구의 신뢰도 계수는 .945, 인지적 손상도에 대한 측정도구는 .918로 나타났다. 본 연구에서의 신뢰도는 전체 .959이었다.

2) 가족적 위험요인

노인학대의 가족적 위험요인은 선행연구에서 관련 요인으로 나타난 가족기능, 가족결속력, 관계 만족도 등을 측정하였다.

(1) 가족기능

가족기능 측정을 위한 사정도구로 Epstein에 의하여 개발된 Mc-Master 모델을 김유숙(2001)이 번안한 가족기능 사정도구를 사용하였다.

이 모델에 의한 가족기능 사정도구는 가족기능을 문제해결, 의사소통, 역할, 정서적 반응성, 정서적 관여, 행동통제 6가지 하위요인에서 사정한다. 본 연구에서는 하위척도 중 학대피해노인 가족의 의사소통, 문제해결, 정서적 반응을 측정하기 위하여 11문항을 활용하였다. 본 연구의 가족기능 신뢰도는 .902로 나타났다.

(2) 가족결속력

가족의 결속력 측정을 위하여 정원식(1989)의 가정환경 진단 검사 중 가정의 심리적 과정을 재는 문항 가운데 노인이 이해하기에 적합하다고 판단한 가족 결속력에 문항을 사용하였다. 5개 문항으로 구성되며 리커트 5점 척도로 점수가 좋을수록 가족의 심리적 관계가 좋게 나타난다. 원래 척도의 신뢰도 값은 .84였고 본 연구에서의 신뢰도는 .805로 나타났다.

(3) 관계 만족도

노인의 자녀와의 관계에 대한 만족도를 측정하기 위하여 Schumm & Hall(1985)의 'Kansas Parental Satisfaction Scale(KSP)'을 한은주(2000)가 번안하여 노인학대 연구에 사용한 척도를 활용하였다. 관계 만족도 척도의 각 항목에 대한 응답은 5점 리커트 척도이며 점수가 높을수록 자녀와의 관계 만족도가 높음을 의미한다. 이 척도의 신뢰도 값은 .84로 조사되었다. 본 연구에서의 신뢰도는 .762로 나타났다.

3) 사회, 문화적 위험요인

노인학대의 사회, 문화적 위험요인은 선행연구에서 관련요인으로 나타난 사회적 지원, 원조요청, 부양기대감 등을 측정하였다.

(1) 사회적 지원

사회적 지원은 확대가족과의 접촉, 비동거 자녀와의 접촉, 단체/모임관련 여부 및 접촉정도 등을 측정하였다. 이를 측정하기 위하여 노인학대 연구에 이미 활용되었던 한은주(2000)의 측정도구와 Phillemer(1985)의 측정도구를 연구자가 한국 상황에 적절하게 수정, 보완하여 사용하였다.

(2) 원조요청

본 연구에서는 대상노인의 원조요청변인의 측정을 위해서 김현수(1997)가 노인학대실태에 활용한 원조 요청 태도 측정도구와 조애저 외(1999)의 연구에서 활용된 원조 요청 측정도구를 본 연구에 적절한 학대피해 노인의 원조요청 유무, 태도 등을 중심으로 재구성하여 사용하였다.

(3) 부양기대감

조사대상자인 노인이 자녀에게 기대하는 부양의식을 측정하기 위해 한은주(2000)가 Seelbach(1978)의 'Realizations of Filial Responsibility (RFR)' 19개 항목 중 5문항을 발췌, 번안하여 사용한 척도를 활용하였다. 각 항목에 대한 응답은 5점 리커트 척도로 점수가 높을수록 부양의식이 높음을 의미한다. 한은주(2000) 척도의 신뢰도 값은 .83이었다. 본 연구에서의 신뢰도는 .901로 높게 나타났다.

4) 학대의 특성

본 연구에서 학대의 특성은 학대의 유형, 학대의 기간, 가해자와의 관계정도를 측정하였다. 학대의 유형을 측정하기 위한 도구로는 김미혜, 이선이(1998)가 개발한 척도의 총 48개의 항목 중 본 연구의 학대유형에 해당하지 않는 자기방임 유형을 제외하고 본 연구의 목적, 내용과 부합하는 항목을 중심으로 수정, 보완하여 구성하였다. 김미혜, 이선이(1998) 연구의 신뢰도 계수는 .939로 나타났다. 본 연구에서의 각 하위요인의 신뢰도는 심리적 학대 .835, 신체적 학대 .692, 재정적 학대 .599, 방임 .771로 조사되었다. 가해자와의 관계정도는 가해자와 평소관계를 측정하였다. 기간 및 가해자와의 관계는 선행연구를 토대로 본 연구자가 제작 사용하였다.

5) 학대의 피해영역

(1) 신체적 영역

학대의 신체적 영향은 의료처치 여부, 신체화 현상 영역을 측정하였다. 신체화 현상을 측정하기 위한 도구는 간이정신진단검사(Symptom Check List-90-Revision: SCL-90-R)문항을 이훈구(1986)가 요인분석하여 제작한 47문항으로 구성된 척도의 6문항에 두통 영역을 포함시켜 사용하였다. 이 척도는 5점 척도로 주관적으로 경험하는 신체증상들의 정도를 측정한다. 이훈구(1986) 연구의 신뢰도 값은 .97로 나타났고 본 연구에서의 신체화 현상의 신뢰도는 .896이었다. 의료처치 여부는 학대 후 진료회수 및 입원회수 등을 측정하였다.

(2) 심리적 영역

학대의 심리적 피해영역으로 우울, 불안 및 공포를 측정하였다. 우울, 불안 및 공포 영역을 측정하는 도구로는 김미경(1998)이 학대노인을 대상으로 심리적 디스트레스를 조사하였던 SCL-90-R 중 불안 5문항과 공포불안 4문항 그리고 SCL-90-R 중 우울 12문항을 발췌하여 사용하였다. 본 연구에서의 신뢰도는 .951이었다.

(3) 행동적 영역

학대의 행동적 피해영역은 적대행동, 자살충동을 측정하였다. 적대행동은 SCL-90-R 중 적대감 영역 5문항을 발췌, 사용하였다. 자살충동을 측정하는 도구로는 Beck의 자살생각척도(Scale for Suicidal Ideation/SSI)를 사용하였다. SSI는 3점 척도 19문항으로 이루어진 검사이나, 신민섭 등(1990)이 자기 보고식 질문지로 변형시킨 것을 조숙희(1999)가 수정하여 사용한 척도 13문항 중 우리문화권 내에서 노인에게 질문하기에 적합하다고 판단된 10문항을 발췌, 활용하였다. 조숙희(1999) 연구에서의 신뢰도계수는 .86이었으며 본 연구의 적대행동 요인의 신뢰도는 .872로 나타났다.

(4) 사회적 영역

학대의 사회적 피해영역은 사회적 회피, 대인 예민성 수준을 측정하였다. 사회적 회피는 사회적 회피 및 불안 척도(Social Avoidance and

Distress Scale/SADS)를 사용하였다. Watson & Friend(1969)가 제
작한 척도를 최정훈과 이정윤(1994)이 한국 실정에 맞게 번안하였고 신
뢰도 계수는 .77이었다. 본 연구는 이중 사회적 회피 영역 13문항을 발
췌하여 사용하였다. 대인 예민성은 SCL-90-R 중 대인 예민성 및 불
안의 8문항을 발췌 사용하였다. 본 연구에서의 대인 예민성 요인의 신
뢰도는 .908, 사회적 회피의 신뢰도는 .915로 나타났다.

3. 척도의 신뢰도 및 타당도

본 연구에서는 선행 연구들에서 이미 신뢰도와 타당도가 검증된 척도
중 본 연구의 목적에 가장 잘 부합되는 척도를 선정하여 사용하였다. 본
연구의 내용 타당도를 검증하기 위하여 2001년 12월 1일부터 12월 15
일 까지 예비조사를 시행하여 본 조사를 위한 척도 수정을 실시하였고
타당도 검증을 위해 전문가 5인에게 자문을 구하였다. 예비조사에서 수
정된 척도를 본 조사에서 활용하였고 본 조사에서 각 척도들의 신뢰도
검증을 위해 Cronbach'α를 이용하였다. 학대유형 중 재정적 학대를 제
외한 대부분의 척도들은 전반적으로 비교적 높은 신뢰도를 보이고 있다
<표 III-2>.

<표 Ⅲ-2> 변인별 척도의 신뢰도

변 수	측정도구	문항수	Cronbach's α
개인적 위험요인	신체, 인지기능	21	0.959
가족적 위험요인	가족기능	11	0.902
	가족결속력	5	0.805
	자녀관계 만족도	3	0.762
사회, 문화적 위험요인	부양 기대감	7	0.901
학대유형	심리적 학대	14	0.835
	신체적 학대	10	0.692
	재정적 학대	6	0.599
	방 임	6	0.771
신체적 영역	신체화 현상	7	0.896
심리적 영역	우울 및 불안, 공포	21	0.951
사회적 영역	대인 예민성	8	0.908
	사회적 회피	12	0.915
행동적 영역	적대행동	5	0.872

D. 분석방법

본 연구의 연구문제 및 가설검증을 위해 사용한 자료 분석 방법은 다음과 같으며 수집된 자료는 SPSS/PC+ 10.0 및 AMOS 4.0 프로그램을 활용하였다.

첫째, 학대의 일반적 양상을 살펴보기 위하여 빈도분석, 백분율, 평균 등을 알아보는 기술적 분석을 실시하였다.
둘째, 인구사회학적 변수에 따른 주요변수의 차이를 검증하기 위해 t-검증, 분산분석을 실시하였고 사후검증 Scheffe를 활용하였다.

셋째, 가설검증 시 상관관계와 상호영향을 검증하기 위해 정준상관관계 분석, 중다회귀분석을 실시하였다.

넷째, 학대위험요인, 학대의 특성과 학대피해영역의 관계구조를 검증하기 위하여 위계적 회귀분석, 공변량 구조분석을 실시하였다.

Ⅳ. 연구결과

A. 주요연구변인의 실태분석: 학대의 실태

본 연구에서는 주요 변인의 실태를 분석하기 위하여 기술적 분석을 실시하였다. 학대의 실태는 학대위험요인, 학대의 특성, 학대피해영역으로 나누어 기술하였다.

1. 학대의 위험요인

1) 개인관련 위험요인

(1) 조사대상자의 일반적 특성

본 연구에서 분석된 조사대상노인의 일반적 특성은 <표 Ⅳ-1>, <표 Ⅳ-2>, <표 Ⅳ-3>과 같다. 성별분포는 여성노인이 81명으로 79.4%, 남성노인이 21명 20.6%로 나타났다. 여성노인이 많아 선행연구에서 다수의 학대피해노인이 여성이라는 연구결과(성향숙, 1997; 한은주, 2000; 한동희, 2000)와 일치한다. 대상노인의 평균연령은 76세(남자 76.2, 여자 76.7)로, 분포를 살펴보면 70-79세 43.1%, 80세 이상 37.3%, 60-69세 19.6% 순으로 70세 이상 중, 고령기 이상의 노인이 학대의 대상임을 알 수 있다. 교육정도는 무학 39.2%, 국졸 36.3%로 국졸이하의 학력이 높게 나타났다. 종교는 기독교 44.1%, 천주교 23.5%, 불교 15.7%로 전체 노인의 83.3%가 종교를 가진 것으로 조사되었다.

경제상태의존도를 보면, 자녀에게 전혀 의존하지 않음 68.6%, 별로 의존하지 않음 2.0%로 학대피해 노인의 자녀에 대한 경제적 의존도는 낮게 나타났다. 가구 소유현황을 보면 본인 29.4%, 국가 24.5%, 타인 16.7% 순으로 학대 후 노인이 가족의 주택에 거주하는 비율은 저조하였다. 학대피해노인들의 주 수입원은 국가보조 41.2%, 자녀보조 25.5%, 저축 및 증권 12.7% 순으로 주로 외부지원에 생계를 의지하고 있다. 현 주소지 거주 기간을 보면 평균거주기간은 49개월로 1-3년 36.3%, 1년 미만 19.6%로 최근 3년 미만에 거주지를 이전한 비율이 높아 학대 후 거주지 이전이 파악되었다.

학대피해노인들의 자녀수는 1-2명 46.1%, 3-4명 35.2%로 일반노인의 자녀수(평균 4.6명)보다 적은 것으로 조사되었다. 현재 동거가족 현황은 없음 64.7%가 가장 높고 평균 동거가족수가 1명 미만으로 학대피해 노인들은 거의 동거가족이 없는 독거노인들로 분석된다. 현재 노인들이 가지고 있는 질병분포는 고혈압, 관절염, 신경통 순으로 일반노인과 비슷하나 일인당 평균 2.13개의 질병을 호소하고 있다.

<표 Ⅳ-1> 대상노인의 일반적 특성 (N=102)

변 수		빈도(명)	백분율(%)
성 별	남	21	20.6
	여	81	79.4
연 령	60-69세	20	19.6
	70-79세	44	43.1
	80-89세	38	37.3
교육정도	무 학	40	39.2
	국 졸	37	36.3
	중 졸	7	6.9
	고 졸	11	10.8
	대졸 이상	7	6.9
종 교	없 음	19	15.7
	불 교	19	15.7
	기독교	45	44.1
	천주교	24	23.5
	기 타	1	1.0
경제상태	자녀에게 전적으로 의존	19	18.6
	자녀에게 부분적으로 의존	11	10.8
	별로 의존하지 않음	2	2.0
	전혀 의존하지 않음	70	68.6
가주 소유자	본 인	30	29.4
	배우자	4	3.9
	가 족	17	16.7
	인, 친척	2	2.0
	타 인	17	16.7
	국 가	25	24.5
	종교단체	6	5.9
	기 타	1	1.0
거주기간	1년 미만	20	19.6
	1-3년	50	49.0
	4-6년	13	12.7
	7-9년	3	2.9
	10년 이상	16	15.7

변 수		빈도(명)	백분율(%)
자녀수	1-2명	47	46.1
	3-4명	36	35.2
	5-6명	15	14.7
	7명 이상	3	4.0
동거가족 수	없 음	66	64.7
	1-2명	18	17.7
	3-4명	16	15.6
	5명 이상	2	2.0
수입원	본인 및 배우자의 일	10	9.8
	저축, 증권의 이익배당	13	12.7
	부동산, 임대료, 집세	3	2.9
	자녀보조	26	25.5
	연 금	3	2.9
	국가보조	42	41.2
	기 타	5	4.9

<표 Ⅳ-2> 대상노인의 질병현황   (N=102)

변 수		빈도(명)	백분율(%)
질 병	고혈압	23	56.1
	뇌졸중	7	17.1
	심장질환	12	29.3
	간질환	2	4.9
	위장질환	10	24.4
	변 비	4	9.8
	신장질환	2	4.9
	호흡기 질환	8	19.5
	당뇨병	3	7.3
	관절염	25	61.0
	신경통	13	31.7
	백내장	3	7.3
	디스크	1	2.4
	골다공증	1	2.4
	피부질환	2	4.9
	기 타	7	17.1

<표 Ⅳ-3> 평균 연령, 거주기간, 동거가족 수

변 수		평 균	표준편차	최소값	최대값
연 령(세)	남	76.24	6.59	65.00	86.00
	여	76.67	7.39	60.00	92.00
	계	76.58	7.20	60.00	92.00
거주기간(개월)	남	44.10	57.17	1.00	240.00
	여	50.80	64.34	1.00	360.00
	계	49.42	62.72	1.00	360.00
동거가족수(명)	남	.62	1.36	.00	5.00
	여	.95	1.55	.00	6.00
	계	.88	1.51	.00	6.00

(2) 기 능

대상노인의 기능수준은 5점 척도를 기준으로 신체기능은 평균 3.67, 인지 기능은 4.35로 기능적 의존도는 낮은 것으로 나타났다<표 Ⅳ-4>. 노인의 신체, 인지적 의존성을 학대의 개인적 위험요인으로 강도 높게 제시하고 있는 한국 선행연구(윤진, 1994; 한동희, 1996; 이선이, 1998)의 결과와는 달리 본 연구에서 학대피해노인들의 기능적 의존의 정도는 심각하게 나타나지 않았다. 이는 일반노인을 대상으로 한 연구(한은주, 2000)결과와 유사하며 외국의 초기의 선행연구들이 신체적, 인지적 기능의 의존을 위험요인으로 제시했던 것에서 현재는 학대피해 노인들의 건강상태가 학대를 경험하지 않은 노인들보다 심각한 상황이 아니라는 결과(Pillemer, 1985)와 맥락을 같이한다.

<표 IV-4> 대상노인의 신체, 인지기능 수준

변 수	평 균	표준편차	최소값	최대값
신체기능	3.67	1.10	1.08	5.00
인지기능	4.35	.72	19.0	45.0

2) 가족위험 요인

(1) 가족 결속력, 자녀관계 만족도, 가족기능 수준

조사대상자들의 가족결속력 수준은 최저 1.00에서 최고 4.40이며 평균값은 2.81로 나타났다<표 IV-5>. 가족 결속력은 5점 척도를 기준으로 평균적으로 그저 그렇다(3점) 수준에 가까웠다. 가족기능수준을 살펴보면 하위요인 수준은 최저 2.50에서 최고 2.72로 전반적으로 고르게 나타나고 있다. 정서반응이 가장 낮은 평균치를 보였고 의사소통이 가장 높은 평균값을 보였다. 자녀관계 만족도 수준은 최저 1.00에서 최고 5.00이며 평균값은 2.23으로 수준은 별로 만족하지 않는다(2점)에 가깝다. 일반노인을 대상으로 한 연구(한은주, 2000) 결과 평균값(3.34)과 비교한다면 본 연구결과에서 학대피해노인은 낮은 정도의 자녀관계 만족도를 보이고 있다.

<표 Ⅳ-5> 가족결속력, 관계 만족도, 가족기능 수준

변 수		평 균	표준편차	최소값	최대값
가족결속력		2.81	.71	1.00	4.40
관계 만족도		2.23	.73	1.00	5.00
가족기능	의사소통	2.72	.86	1.00	5.00
	문제해결	2.57	.87	1.00	4.33
	정서반응	2.50	.80	1.00	4.25

(2) 가족해체 및 분리 현상

　연구결과에서 가족해체 및 분리 현상이 뚜렷이 파악된다<표 Ⅳ-6>. 학대 후 가해자와 동거상황을 보면 가족과 따로 살고 있는 경우(86.3%)가 월등히 높게 나타나 학대발생 후 가해가족과 분리 현상을 드러내고 있다. 학대 후 주거지 변화가 67.6%로, 학대피해노인들은 학대 후 거주지를 이전한 비율 역시 높게 나타났다. 주거장소의 변화를 보면 쉼터나 시설입소가 36.3%로 가장 많았고 단독가구 이주가 26.5%로 나타났다. 학대 후 노인들은 가족과 분리되어 타 장소로 옮기거나 단독가구로 이주하였으며 다른 가족, 친구, 친지의 집으로 이주한 경우는 극히 드문 것으로 파악된다.

<표 IV-6> 가족해체 및 분리 현상 (N=102)

변 수		빈도(명)	백분율(%)
가해자와 동거	동거 중	14	13.7
	따로 살고 있다	88	86.3
학대 후 주거지 변화	없 다	33	32.4
	있 다	69	67.6
주거장소 변화	다른 가족의 집으로 옮겼다	2	2.0
	단독 가주로 이주하였다	27	26.5
	친구, 친지의 집으로 옮겼다	3	2.9
	쉼터나 시설에 입소하였다	37	36.3
	기 타	1	1.0
	무응답	32	31.4

3) 사회, 문화적 관련 요인

(1) 사회적 지원

조사대상 노인의 동거하지 않는 자녀 및 친척과의 접촉정도를 살펴보면 <표 IV-7>과 같다. 대상노인들은 94.1%가 비동거 자녀가 있었으며 그 수는 1-2명 46.1%, 3-4명 34.8%로 나타났다. 평균자녀수는 아들 1.44명, 딸 1.28명으로 비슷한 성비정도를 보였다<표 IV-8>. 비동거 자녀와의 접촉회수는 전혀 접촉 없음(44.1%)이 가장 높아 이를 일반노인 실태조사결과 매일 만남 12.3%, 전혀 만나지 않는다 0.8%(보건사회연구원, 1998)와 비교해 볼 때 학대피해 노인들의 비동거 자녀 접촉정도는 일반노인보다 매우 낮았다. 친척 접촉정도 역시 전혀 접촉 없음이 23.5%로 가장 높아 낮은 접촉정도를 나타냈다. 조사대상 노인들의 낮은 비동거 자녀나 친척접촉정도는 학대피해 노인들이 고립되어 있으며 고립과 학대의 강한 관련성을 설명하는 선행연구결과(Wolf, 1996;

Kemp, 1998; Abraham, 2000)와 부합한다. 본 연구결과는 현재 학대
피해 노인들이 한국 상황에서의 사회적 지원체계인 가족 및 확대가족에
게서는 사회적 지원을 받지 못하며 불충분한 사회적 지원체계 내에서
고립되어 있음을 시사하고 있다.

<표 Ⅳ-7> 비동거 자녀 및 친척 접촉정도   (N=102)

변 수		빈 도(명)	백분율(%)
비동거자녀 유무	없 음	6	5.9
	있 음	96	94.1
비동거 자녀수	없 음	6	5.9
	1-2명	47	46.1
	3-4명	35	34.3
	5-6명	9	8.8
	7명 이상	5	4.9
비동거 자녀 접촉회수	매 일	3	2.9
	주 1-3회	13	12.8
	월 1-3회	20	19.6
	년 1-5회	14	13.7
	전혀 접촉 없음	45	44.1
	무응답	7	6.9
친척 접촉회수	매 일	9	8.8
	주 1-3회	16	15.8
	월 1-3회	15	14.7
	년 1-5회	6	5.9
	전혀 접촉 없음	24	23.5
	무응답	32	31.3

82

<표 Ⅳ-8> 평균 비동거 자녀수

변 수		평 균	표준편차	최소값	최대값
비동거 자녀수	남	1.44	1.31	0.0	6.0
	녀	1.28	1.13	0.0	5.0

대상노인들의 단체/모임 관련 상황 및 사회적 지원을 살펴보면 <표 Ⅳ-9>와 같다. 조사결과 모임이나 단체에 관련하고 있는 노인들이 72.5%로 높게 나타나 자녀나 친척 접촉 정도가 낮게 조사된 결과와 대조를 보이고 있다. 이는 종교를 가진 대상자들이 다수였고 현재, 원조 및 지원을 받는 종교단체와의 높은 관련정도가 영향을 미친 것으로 분석된다. 관련하는 단체/모임의 종류는 종교단체(91.9%)가 가장 많았고 참여회수는 월 1-3회 정도(68.9%)가 가장 높았다.

사회적 원조를 살펴보면, 일반노인들이 수혜대상자인 경로우대가 91.2% (31명)로 가장 많았고 노령수당 수혜자도 58.8%(20명) 포함되었다. 현재 학대피해 노인들은 64.7%가 어떠한 형태이든 국가에서 지급되는 보호 대상자로 선정되어 지원을 받고 있는 것으로 나타났다. 수혜내용으로는 의료보호 38.2%, 무료검진 29.4%, 장/단기보호 2.9% 순으로 파악되었고 복지관 프로그램 이용자가 38.2%로 높게 나타난 것은 노인종합 복지관 이용노인들이 조사 대상자였던 것과 관련된다. 현재 노인들은 1인당 평균 2.63개의 원조를 받고 있는 것으로 나타나 학대피해 노인들이 자녀나 친척으로부터는 지원을 받지 못하는 것에 비해 종교단체나 공적원조를 포함하는 사회적 원조를 받는 정도가 높게 나타난 것은 주목할만한 상황이다. 즉 학대 후 노인들은 가족과 분리, 해체되어 국가나 기관/단체의 원조 및 자력으로 생존하고 있음을 알 수 있다.

<표 Ⅳ-9> 단체관련, 사회적 지원　　　　　　　　　　(N=102)

변 수		빈 도	백분율(%)
단체/모임 참여	예	74	72.5
	아니오	28	27.5
단체/모임종류	종교단체	68	66.7
	복지관	3	2.9
	친목회/계	1	1.0
	기 타	2	2.0
참여회수	매 일	2	2.0
	주1-3회	9	8.8
	월 1-3회	51	50.0
	년 1-2회	12	11.8
사회적 원조	경로우대	31	91.2
	노령수당	20	58.8
	인근복지관 프로그램	13	38.2
	무료검진	10	29.4
	가정봉사원/재가복지봉사센터	3	8.8
	노인전문병원	1	2.9
	노인정	1	2.9
	주간보호/단기보호	1	2.9
	무료양로/요양시설	4	11.8
	실비양로/요양시설	8	23.5
	생활보호	22	64.7
	의료보호	13	38.2
	무료급식	8	23.5
	기 타	1	2.9

(2) 부양기대감 수준

　조사대상자들의 부양기대감 수준은 최저 1.25에서 최고 5.00이며 평균값은 3.09로 나타났다<표 Ⅳ-10>. 부양기대감은 5점 척도를 기준으로 하여 평균적으로 보통이다(3점)를 조금 넘는 수준이다. 본 연구 대상

자인 학대피해 노인들의 부양기대감은 한은주(2000)의 연구결과인 일반
노인의 비교적 높은 부양 기대감(3.93점)과 비교할 때 낮은 수준을 보이
고 있다. 또한 미국의 학대노인과 일반노인 비교 연구결과 학대노인의
부양자 기대수준이 낮게 나타난 것과 비교한다면 한국의 학대피해 노인
의 부양기대감은 보통정도의 수준을 유지하고 있는 것으로 보여진다.

<표 IV-10> 부양기대감 수준

변 수	평 균	표준편차	최소값	최대값
부양기대감	3.09	.90	1.29	5.00

(3) 원조요청

조사대상자인 학대피해 노인들의 원조요청 상황을 정리하면 <표 IV-
11>과 같다. 노인들의 원조요청 경험은 없다(55.9%)가 원조요청을 한 경
우(44.1%)보다 높게 나타나 학대 후 원조요청을 하지 않은 피해자가 많
은 것으로 드러났다. 원조요청을 한 경우, 최초 도움 요청자는 가족
24.4%, 상담자 20.0%, 성직자 17.8%, 동사무소 직원 11.1% 순으로 가해
자가 아닌 가족에게 우선 도움을 요청한 경우가 많았다. 조사대상 노인이
상담소 의뢰노인, 복지관 이용노인이었던 영향으로 상담자가 높게 나타난
것으로 판단되며, 대상노인들이 종교를 가진 비율이 높고 종교단체와 접
촉정도가 높아 성직자에게 원조를 요청한 경우도 높게 나타났다고 보여진
다. 원조요청은 다양한 경로를 보이고 있으나 경찰서 신고 8.9%, 119 구
조요청 2.2% 등 노인이 신고를 한 경우는 낮게 나타났다. 원조 요청 시
도움 만족도는 매우 만족(32.6%), 보통(26.1%), 대체로 만족(19.6%) 순
으로 비교적 만족한 것으로 나타났다. 노인 본인의 학대해결 노력여부를

보면, 노력하지 않았다(53.9%)가 학대 노력을 한 경우(46.1%)보다 높게 나타나 피해노인들의 학대해결노력은 낮은 수준으로 드러났다. 이는 외국의 소수민족을 대상으로 한 연구(Moon & Williams, 1993)에서 한국노인이 수동적 반응을 보인 연구결과와 맥락을 같이한다.

가정폭력방지법 인지정도를 보면 다수의 노인(62.7%)이 가정폭력방지법을 알지 못하고 있었다. 가정폭력방지법을 인지하는 노인 중 인지 출처를 묻는 질문에는 TV나 신문 등 매스컴을 통해서 알게 되었다(18.6%)가 가장 높게 나타났다. 다시 학대를 받을 경우 신고의향에 대해서는 신고하지 않겠다고 응답한 노인(78.4%)이 가장 높은 비율로 나타나 신고하지 않겠다는 의지가 파악된다. 그 이유로는 집안일 이어서(46.1%)가 가장 높았고 다음, 창피해서(11.8%) 순으로 학대피해 노인들의 학대를 집안 일로 여기며 노출시키지 않고자 하는 인식을 반영하고 있다.

가장 시급하게 요망하는 원조내용은 경제적 지원(34.3%)으로 파악되어 노인들은 학대 후 경제적 어려움을 겪고 있는 것으로 판단된다. 또한 의료처치를 원하는 노인이 15.6%로 질병치료의 원조를 요망하고 있다. 이외에도 거주지 제공, 시설/쉼터 입소요망이 10.7%, 공적 부조 대상자 요망이 1.9%로 나타나 학대 후 노인들은 가족과 분리되어 기본적인 의식주 문제를 해결하기 어려운 상황에 처하여 생존의 위협을 받고 있는 것으로 파악된다.

<표 Ⅳ-11> 원조요청 상황   (N=102)

변 수		빈도(명)	백분율(%)
원조요청경험	있 다	45	44.1
	없 다	57	55.9
최초도움요청자	가 족	11	24.4
	친 척	2	4.4
	이 웃	3	6.7
	상담자	9	20.0
	친 구	1	2.2
	성직자	8	17.8
	경찰서	4	8.9
	119	1	2.2
	동사무소 직원	5	11.1
	기 타	1	2.2
도움만족도	매우만족	9	20.0
	대체로 만족	14	31.1
	보 통	12	26.7
	대체로 불만족	6	13.3
	매우불만족	4	8.9
학대해결노력유무	예	47	46.1
	아니오	55	53.9
가정폭력법 인지	예	37	36.3
	아니오	64	62.7
	무응답	1	1.0
폭력법 인지출처	이웃을 통해	4	3.9
	친구를 통해	4	3.9
	TV나 신문을 통해	19	18.6
	인, 친척을 통해	3	2.9
	시설에 들어와서	3	2.9
	기 타	4	3.9
	무응답	65	63.7

변 수		빈도(명)	백분율(%)
학대신고의향	예	19	18.6
	아니오	80	78.4
	무응답	3	2.69
도움을 청하지 못하는 이유	집안일이라 생각해서	47	46.1
	학대가 별로 심하지 않아	5	4.9
	창피해서	12	11.8
	학대자의 보복이 두려워서	3	2.9
	기 타	5	4.9
	무응답	30	29.4
시급한 원조 요망 내용	경제적 지원	35	34.3
	의료적 처치	16	15.6
	거주지 제공/시설, 쉼터 입소	11	10.7
	가족과 화합	5	4.9
	도우미/말벗	6	5.8
	공적 부조대상자	2	1.9
	가족에 대한 지원	6	5.8
	무응답	21	20.6

2. 학대의 특성

1) 학대 빈도, 기간, 유형

<표 Ⅳ-12>에서와 같이, 학대 빈도는 일정 패턴으로 나타나기보다는 부정기적으로 불특정하게 나타나고 있다. 전체 학대 건수 중 부정기적으로 발생한 경우가 40.2%로 가장 많았고 34.3%가 거의 매일, 10.8%가 일주일에 1회 이상 경험한 것으로 나타났다. 학대기간을 살펴보면 1-3년 미만 28.4%, 3-6년 미만 27.5%, 21.6%는 10년 이상 학대를 경험한 것으로 나타났다. 학대기간은 2개월에서 360개월까지 분포가 넓었고 평

균 학대 경험기간은 8년 3개월 정도로 조사되었다<표 Ⅳ-13>. 학대유형은 방임의 빈도가 2.8(총 문항 대비) 47.5%로 가장 높았고 심리학대 45.7%, 재정적 학대 13.1%, 신체적 학대 6.5%의 순으로 나타났다. 본 연구에서 방임이 가장 많은 유형으로 조사된 것은 심리적 학대가 주로 높게 나타난 선행연구(한동희, 1996; 김한곤, 1998; 조애저 외; 1999)결과와 비교할 때 특이한 현상이다. 본 연구결과의 일반화에는 제한점이 존재하나 현재 사회구조적 문제로 노출된 가족구성원에 의한 방임형태의 학대가 주된 학대유형으로 나타나고 있음을 알 수 있었다.

<표 Ⅳ-12> 학대 빈도, 기간, 유형 (N=102)

변 수		빈 도	백분율(%)
학대 빈도	거의 매일	35	34.3
	일주일에 1회 이하	11	10.8
	2주일에 1회 이하	5	4.9
	3주일에 1회 이하	1	1.0
	1개월에 1회 이하	3	5.9
	2-3개월에 1회 이하	3	2.9
	부정기적	41	40.2
학대기간	1년 미만	4	3.9
	1-3년 미만	29	28.4
	3-6년 미만	28	27.5
	6-10년 이상	16	15.7
	10년 이상	22	21.6
	무응답	3	2.9
학대유형	심리학대	6.4	45.7
	신체학대	0.6	6.50
	재정학대	0.7	13.1
	방 임	2.8	47.5

<표 Ⅳ-13> 평균 학대경험기간

변 수	평 균	표준편차	최소값	최대값
기간(개월)	99(8년 3개월)	66.1	2	360

2) 가해자 총수

가해자 총수는 1명 55.9%, 2명 38.2% 순으로 학대 가해자는 1-2명
이 가장 많았고 평균 가해자수는 1.54명이었다<표 Ⅳ-14>, <표 Ⅳ-
15>.

<표 Ⅳ-14> 가해자 총수

가해자 총수	빈도(명)	백분율(%)
1명	57	55.9
2명	39	38.2
3-4명	5	4.9
5명 이상	1	1.0

<표 Ⅳ-15> 평균 가해자수

변 수	평균(명)	표준편차	최소값	최대값
가해자 총수	1.54	0.77	1.0	6.0

3) 주 가해자 특성

주 가해자의 일반특성을 살펴보면 <표 Ⅳ-16>과 같다. 노인과 가해자
와의 관계는 장남 47.1%, 차남이하 12.7%로 아들이 절반이상(59.8%)을
차지하였으며 딸 18.6%, 맏며느리 15.7%의 순으로 나타났다. 한국의 이
전 선행연구(한동희, 1996; 조애저 외, 1999)에서 가해자로 며느리의 비율
이 높게 나왔던 것과 달리 주 가해자를 묻는 본 연구에서는 실제 가해자
로 아들이 높은 비율로 나타나고 있다.

가해자 성별은 남자 62.7%, 여자 37.3%로 남자가 높은 비율을 보였
다. 가해자의 평균연령은 48.4세(남자 49.4세, 여자 46.8세)로 나타났다
<표 Ⅳ-17>. 교육수준은 고등학교 졸업 이상 41.2%, 대졸 이상
31.4%로 고졸 이상의 학력이 72.6%로 비교적 고학력 상태를 보였다.
혼인상태를 살펴보면 69.6%가 유배우 상태였으며 별거 11.8%, 이혼
7.8% 순으로 나타났다. 가해자는 73.5%가 종교가 없었으며 종교가 있
는 경우 기독교가 13.7%로 가장 높았다. 가해자의 취업률은 60.8% 이
었고, 직종별로 는 사업, 서비스 종사자가 15.7%로 가장 많았고 단순
노무직 13.7%, 전문/준전문직 종사자도 10.8% 정도 조사되었다.

가해자가 정신장애를 가진 경우는 5.9%, 폭력전과가 있는 경우 2.9%,
약물의존 및 남용으로 치료를 받은 경험도 역시 2.9%로 낮게 나타나
가해자가 정신질환, 폭력, 약물의존 및 남용 등과 관련된 이유로 학대를
한 경우는 낮은 비율로 파악된다. 이런 연구결과는 가해자의 개인적 특
질 중 특히 정신장애, 약물남용, 폭력전과 등을 위험요인으로 제시하고
있는 외국의 선행연구(Lachs & Pillemer, 1995; Kemp, 2000) 결과와
는 차이를 보인다.

<표 Ⅳ-16> 주 가해자 특성 (N=102)

변 수		빈도(명)	백분율(%)
노인과의 관계	장 남	48	47.1
	차남이하	13	12.7
	맏며느리	16	15.7
	둘째 이하 며느리	2	2.0
	딸	19	18.6
	기 타	4	4.0
성별	남	64	62.7
	여	38	37.3
교육수준	무 학	5	4.9
	초등학교	13	12.7
	중학교	10	9.8
	고등학교	42	41.2
	대학교이상	32	31.4
혼인상태	유배우	71	69.6
	사 별	7	6.9
	이 혼	8	7.8
	별 거	12	11.8
	미 혼	4	3.9
종교	없 음	75	73.5
	불 교	8	7.8
	기독교	14	13.7
	천주교	5	4.9
취업 여부	취 업	62	60.8
	미취업	38	37.3
	무응답	2	2.0

변 수		빈도(명)	백분율(%)
취업직종	고위공무원/관리직	5	4.9
	전문직/준전문직	11	10.8
	사무직	8	7.8
	사업, 서비스	16	15.7
	기능직	3	2.9
	단순노무직	14	13.7
	기 타	6	5.9
	무응답	39	38.2
정신장애여부	없 음	96	94.1
	있 음	6	5.9
폭력전과여부	없 음	99	97.1
	있 음	3	2.9
약물치료여부	없 음	99	97.1
	있 음	3	2.9

<표 Ⅳ-17> 주 가해자 평균 연령

변 수		평 균	표준편차	중간 값	최소값	최대값
연령(세)	남	49.4	8.6	50.0	27.0	67.0
	여	46.8	7.9	46.0	31.0	60.0
계		48.4	8.5	50.0	27.0	67.0

4) 학대 세대 간 전이 및 학대이유

학대의 세대 간 전이 상황을 살펴보면 <표 Ⅳ-18>과 같다. 주 가해자와 학대피해 노인과의 평소관계를 보면 보통이었다(53.9%)가 가장 높은 비율을 보였고 나쁜 편이었다(27.5%) 순으로 평소관계는 보통정도에서 나쁜 편으로 해석할 수 있다. 가해자가 학대를 목격하고 성장한 경우는 19.6%, 학대를 경험하고 성장한 경우는 13.7%로 학대를 목격하지 않음 48.0%, 학대경험 없음 51.0%에 비해 낮은 비율을 보이고 있다. 한국의 선행연구(조애저 외, 1999)나 외국의 선행연구 등에서 학대의 세대 간 전이를 주요 위험요인으로 보고 있는 것과 비교할 때 본 연구에서는 학대 세대 간 전이는 실제로 높게 나타나지 않았다.

조사대상자들이 인지하는 학대의 이유는 개방질문형식으로 구조화되었다. 경제적 이유/어려움(18.6%)이 가장 높게 나타나 경제위기 이후 가족의 어려워진 경제사정이 학대의 이유로 드러났다. 다음은 가족구조의 변화(15.6%)로 노인자신 혹은 자녀의 이혼, 사별, 재혼 등으로 부양을 할 수 없게 되거나, 거부하는 상황으로 본 연구의 노인학대발생의 기본가정과 부합한다. 개인적 특질로 인한 원인으로 피해자 질병/장애 2.9%, 가해자의 질병/장애 7.8%, 가해자 음주/이성문제 6.9%, 피해자의 잘못 4.9%로 나타나 피해자인 노인보다는 가해자 자녀에게 원인의 비중이 큰 것으로 나타났다. 이는 외국의 선행연구(Kemp, 2001)들이 피해자의 가해자에 대한 의존성 보다 가해자의 피해자에 대한 의존성을 위험요인으로 제시하는 결과와 일치한다. 사회적 이유(3.9%)는 딸이 부모를 부양할 수 없거나 시댁에서 거부하는 경우였고, 성격차이(9.8%), 사소한 말다툼이나 잘못(3.9%)은 주로 노인과 며느리와의 세대차이, 성격차이로 인한 불화를 의미하였다. 이외 부양거부/부담이 3.9%, 노인이 이유를 알 수 없는 경우도 11.7%로 나타나 학대의 이유는 다양하게 파악되었다. 분석결과 노인들이 인지하는 학대의 이유는 노인이나 가해자의 개인적 특질 때문이기보다는 경제적 어려움, 가족구조의 변화 등 사회구조적 문제로 볼 수 있어 사회적인 대책이 시급한 실정이다.

<표 Ⅳ-18> 학대 세대 간 전이, 학대이유　　　　　　　　(N=102)

변 수		빈도(명)	백분율(%)
가해자와 평소관계	좋은 편이었다	13	12.7
	보통이었다	55	53.9
	나쁜 편이었다	28	27.5
	아주 나쁜 편이었다	6	5.9
가해자 학대 목격	목격하며 성장	20	19.6
	목격하지 않음	49	48.0
	잘 모르겠다	33	32.4
가해자 학대 경험	경험 있음	14	13.7
	경험 없음	52	51.0
	잘 모르겠음	36	35.3
학대이유	특별한 이유 없음	12	11.7
	가해자의 질병/장애	8	7.8
	피해자의 질병/장애	3	2.9
	가족구조변화(이혼/별거/재혼)	16	15.6
	사회적 이유	4	3.9
	성격차이/이해부족	10	9.8
	가해자의 음주/이성문제	7	6.9
	피해자의 잘못	5	4.9
	경제적 문제/어려움	19	18.6
	재산문제로 인한 불화	9	8.8
	부양부담/부양거부	4	3.9
	사소한 말다툼/시비	4	3.9

3. 학대피해영역

1) 신체적 영역

(1) 의료처치, 수면/섭식 장애

조사 대상자들의 학대 후 의료처치의 경험을 살펴보면 <표 Ⅳ-19>와 같다. 학대 후 진료를 받은 노인이 63.7%로 진료를 받지 못한 노인 경우보다 높게 나타났다. 그러나 77.5%의 노인은 입원경험이 없는 것으로 나타났다.

조사 대상 노인들의 수면 장애상태를 살펴보면 평소처럼 잠을 잘 수가 없다 75.5%, 전보다 한두 시간씩 일찍 깨고 다시 잠들 수 없다 10.8%, 평소보다 일찍 깨고 다시 잠들 수 없다 4.9%로, 91.2%의 학대 피해 노인이 수면장애를 경험하고 있는 것으로 드러났다. 섭식 장애를 보면 식욕이 많이 떨어졌다 48.0%, 식욕이 전혀 없다 10.8%로 나타나 전체 노인 중 58.8%에 해당하는 노인이 섭식 장애를 겪고 있는 것으로 파악된다.

<표 Ⅳ-19> 의료처치, 수면, 섭식 장애

변 수		빈도(명)	백분율(%)
진료경험	없 다	37	36.3
	있 다	65	63.7
입원경험	없 다	79	77.5
	있 다	23	22.5
수면 장애	평소와 다를 바 없다	9	8.8
	평소처럼 잠을 잘 수 없다	77	75.5
	전보다 한두 시간씩 일찍 깨고 한번 깨면 다시 잠들 수 없다	11	10.8
	평소보다 몇 시간이나 일찍 깨고 한번 깨면 다시 잠들 수 없다	5	4.9
섭식 장애	평소와 다를 바 없다	42	41.2
	요즈음 식욕이 많이 떨어졌다	49	48.0
	식욕이 전혀 없다	11	10.8

(2) 신체화 현상

조사대상자들의 신체화 현상 수준은 최저 1.00에서 최고 5.00이며 평균값은 3.11로 나타나고 있다<표 Ⅳ-20>. 신체화 현상수준은 웬만큼 있다(3점)와 꽤 심하다(4점) 중간으로 학대 후 노인들은 어느 정도의 신체화 증상을 경험하고 있는 것으로 파악된다.

<표 Ⅳ-20> 신체화 현상 수준

변 수	평 균	표준편차	최소값	최대값
신체화 현상	3.11	.89	1.00	5.00

2) 심리적 영역

<표 Ⅳ-21>에서 나타난 바와 같이 5점 척도를 기준으로 우울 및 불안의 평균값은 2.71로서 웬만큼 있다(3점)에 가깝게 나타나 학대피해 노인들은 우울 및 불안을 어느 정도 경험하고 있는 것으로 분석된다. 공포의 경우는 평균이 2.07로 약간 있다(2점)에 가깝게 나타나 우울 및 불안보다는 낮게 나타났다.

<표 Ⅳ-21> 우울, 불안 및 공포 수준

변 수	평 균	표준편차	최소값	최대값
우울 및 불안	2.71	.81	1.29	5.00
공 포	2.07	1.06	1.00	5.00

3) 행동적 영역

(1) 자살기도, 약물의존

조사대상 노인들의 자살기도 욕구, 약물의존 정도를 <표 Ⅳ-22>에 정리하였다. 자살기도 욕구를 가진 노인은 전체 대상자의 48.0%정도로 전혀 없음 52.0%에 비해 낮게 나타났다. 자살에 대한 생각 역시 거의 없다(49.0%)가 가장 높게 나타났고 자살의 구체적 방법을 묻는 문항에서도 자살방법에 대해 생각해 본적 없다(51.0%)가 가장 높게 나타났다. 외국의 선행연구에서 학대 후 노인의 자살 충동이 높게 나타나는 것과 비교할 때 실제 한국노인의 학대 후 자살 충동은 낮은 것으로 보여진다. 전체 조사대상자 중 음주를 하는 노인(16%)은 술을 마시지 않는 노인

(84.3%)에 비해 낮은 분포였으며 흡연을 하는 노인(11.8%)도 비교적 낮게 나타났다. 의약품을 복용하는 노인(51.0%)이 의약품을 복용하지 않는 노인(49.0%)보다 약간 높게 나타났고 약물복용 충동의 경우는 전혀 없음이 91.2%로 높게 나타나고 있어 외국의 선행연구에 비해 전반적인 학대피해 대상노인의 약물의존이나 충동도 낮게 나타났다.

<표 Ⅳ-22> 자살기도, 약물의존   (N=102)

변 수		빈도(명)	백분율(%)
자살기도 욕구정도	전혀 없다	53	52.0
	약간 있다	41	40.2
	보통이다	4	3.9
	많이 있다	4	3.9
자살하고 싶은 생각	거의 그런 생각이 들지 않는다	50	49.0
	가끔 그런 생각이 든다	43	42.2
	그런 생각이 계속 든다	6	5.9
	무응답	3	2.9
자살의 구체적 방법	자살방법에 대해 생각해 본적 없다	52	51.0
	자살은 생각했으나 구체적 방법까지는 생각하지 않았다	43	42.2
	구체적인 방법을 자세히 생각해 놓았다	4	3.9
	무응답	3	2.9
음주유무	예	16	15.7
	아니오	86	84.3
흡연유무	예	12	11.8
	아니오	90	88.2
약물복용유무	예	49	48.0
	아니오	51	51.0
	무응답	1	1.0
약물충동	전혀 그렇지 않다	93	91.2
	거의 그렇지 않다	7	6.9
	가끔 느낀다	1	1.0
	비교적 자주 느낀다	0	0.0
	상당히 자주 느낀다	0	0.0
	무응답	1	1.0

(2) 적대행동

<표 Ⅳ-23>에서 나타나 바와 같이 조사대상자들의 적대행동 수준은 최저 1.00에서 최고 4.40이며 5점 척도를 기준으로 평균값은 1.59이다.

적대행동 수준은 전혀 없다(1점)에서 약간 있다(2점)에 치우쳐 나타나고 있어 학대피해 노인의 적대행동은 심각한 수준은 아닌 것으로 보여진다.

<표 Ⅳ-23> 적대행동 수준

변 수	평 균	표준편차	최소값	최대값
적대행동	1.59	.68	1.00	4.40

4) 사회적 영역

조사대상자들의 사회적 회피 수준은 최저 1.00에서 최고 12.00이며 평균값은 4.27로 나타나고 있다<표 Ⅳ-24>. 이는 중간 값에 못 미치는 수준으로 사회적 회피 수준은 심각한 정도는 아닌 것으로 파악된다. 조사대상자들의 대인 예민성 수준은 최저 1.00에서 최고 4.75이며 평균값은 1.95로 5점 척도 약간 있다(2점)에 가까운 수준으로 조사되었다.

<표 Ⅳ-24> 사회적 회피, 대인 예민성 수준

변 수	평 균	표준편차	최소값	최대값
사회적 회피	4.27	3.96	1.00	12.00
대인 예민성	1.95	.82	1.00	4.75

B. 인구학적 배경변인에 따른 주요변수의 분석

본 연구대상자인 학대피해노인들의 인구사회학적 배경변인에 따른 주요 변수들의 차이 검증을 위해 t-검증과 일원분산분석을 실시하였다. 전체 측정변인들의 평균 및 표준편차는 <부록 2>에 제시되어있다.

1. 인구학적 배경변인에 따른 위험요인의 차이

연구대상자의 특성에 따른 학대위험요인의 차이를 분석하였다<표 Ⅳ-25>, <표 Ⅳ-26>. 분석결과 노인의 인구사회학적 변인 중 위험요인에 통계적으로 유의미한 범위에서 차이를 주는 요인은 성별, 연령, 총 자녀수, 경제상태 의존도였다. 개인적 위험요인 중 인지기능은 경제상태 의존도에 의한 차이를 보였다. 즉 자녀에게 경제적 의존도가 큰 노인집단이 인지기능이 낮게 나타나 노인의 인지기능의 저하는 자녀에 대한 경제적 의존도를 증가시킴을 알 수 있다.

가족적 위험요인 중 가족의 문제해결 기능은 연령에 따라 통계적으로 유의미한 수준에서 차이를 보였다. 연령 간 문제해결 능력은 80대 이상의 노인집단 가족의 문제해결 기능이 가장 낮아 고령으로 갈수록 노인가족의 문제해결 능력이 저하되는 것으로 나타났다. 이는 고령의 노인을 부양하는 가족이 직면해야하는 부양부담의 증가와 관련이 있는 것으로 파악된다.

사회, 문화적 위험요인 중 부양기대감은 성별에 의한 차이를 보여 남성노인의 부양기대감이 여성노인의 부양기대감보다 높은 것으로 드러났다. 단체/모임관련 여부는 성별과 총 자녀수(아들)에 의한 차이를 보였다. 즉 남성노인이 여성노인보다 단체/모임에 적극적으로 관여하고 있으며 총 자녀수에 의한 차이는, 외아들 즉 아들이 1명인 경우의 노인집단이 단체나 모임 관련이 가장 낮게 나타났다.

<표 IV-25> 인구학적 변인에 따른 개인, 가족적 위험요인의 차이

변수 구분		신체기능 평균	신체기능 표준편차	인지기능 평균	인지기능 표준편차	가족결속력 평균	가족결속력 표준편차	의사소통 평균	의사소통 표준편차	정서적 반응 평균	정서적 반응 표준편차	문제해결 평균	문제해결 표준편차	관계만족도 평균	관계만족도 표준편차
연령	60대	3.76	1.35	4.58	0.66	3.01	0.68	2.87	1.01	2.59	0.77	2.88	0.86	2.28	0.79
	70대	3.88	1.06	4.32	0.73	2.84	0.80	2.82	0.75	2.59	0.79	2.80	0.84	2.37	0.80
	80대	3.40	0.99	4.27	0.74	2.69	0.71	2.54	0.90	2.37	0.85	2.19	0.80	2.06	0.63
	F값	2.02		1.35		1.31		1.41		0.84		6.77***		1.70	
경제상태(자녀의존)	전적의존	3.45	0.95	4.08	0.81	2.66	0.69	2.43	0.87	2.28	0.86	2.23	0.92	2.05	0.49
	부분의존	3.40	1.02	3.82	0.88	3.08	0.32	2.80	0.81	2.48	0.85	2.67	0.74	2.27	0.63
	약간의존	3.29	0.65	4.56	0.16	2.60	0.28	2.75	0.35	2.50	0.71	2.17	1.18	1.50	0.71
	의존안함	3.79	1.16	4.50	0.62	2.83	0.76	2.79	0.88	2.57	0.80	2.68	0.87	2.30	0.80
	F값	0.83		4.37*		0.82		0.87		0.65		1.50		1.29	

# p<0.1 * p<0.05 ** p<0.01 *** p<0.001

<표 Ⅳ-26> 인구학적 변인에 따른 사회, 문화적 위험요인의 차이

변 수	구 분	부양기대		참여회수		단체관련	
		평 균	표준편차	평 균	표준편차	평 균	표준편차
성 별	남	3.41	0.86	2.80	0.63	1.52	0.51
	녀	3.02	0.90	3.02	0.63	1.21	0.41
	t값	1.79#		−1.01		2.60*	
연 령	60대	3.28	0.99	2.93	0.80	1.25	0.44
	70대	2.85	0.84	3.06	0.67	1.27	0.45
	80대	3.29	0.88	2.93	0.47	1.29	0.46
	F값	2.94#		0.40		0.05	
총자 녀수 (남)	없음	3.12	0.93	2.92	0.28	1.32	0.78
	1명	3.04	0.87	3.00	0.71	1.12	0.33
	2명	3.30	0.97	2.92	0.64	1.45	0.51
	3명 이상	2.95	0.86	3.05	0.71	1.24	0.44
	F값	0.69		0.16		3.36*	

\# $p < 0.1$ * $p < 0.05$ ** $p < 0.01$ *** $p < 0.001$

2. 인구학적 배경변인에 따른 학대특성의 차이

연구대상의 인구학적 특성에 따른 학대 특성의 차이를 검증한 결과 성별을 제외한 연령, 교육수준, 총 자녀수, 경제상태 의존도가 통계적으로 유의미한 범위에서 차이를 보였다<표 Ⅳ-27>.

학대유형은 연령, 총 자녀수 남, 여, 경제상태 의존도에 의한 차이가 있는 것으로 나타났다. 첫째, 학대 유형 중 방임은 노인의 연령에 의한 차이를 보였다. 80대 이상 즉 고령노인 집단의 평균값(3.44)이 가장 높아 고령의 노인이 방임의 위험성에 가장 크게 노출됨을 알 수 있다. 고령노인의 방임위험성은 학대문제에 시사점을 제공한다. 노인은 가령이 될수록 쇠약한 신체, 정신, 사회적/경제적 요인이 더하여 기능을 상실하게 되며 의존성이 증가한다. 이런 노인을 부양하는 가족은 부양부담이 가중되고 의도적/비의도적으로 노인을 방치하게 되는 상황이 본 연구결과에서도 나타나고 있다. 고령의 노인을 부양하는 가족에 대한 적절한 지원은 학대를 예방, 감소할 수 있다.

둘째, 총 자녀수 여자 즉 딸의 수가 학대유형에 차이를 가져오는 변인으로 조사되었다. 심리학대는 여성자녀수가 3명 이상인 경우의 평균값(7.89)이 가장 높게 나타났고 다음, 딸이 없는 경우 즉 아들만 있는 경우 평균값(7.00)이 높았다. 즉 현재 한국에서 딸이 없는 경우 즉 아들만 있는 경우와 딸이 다수인 경우에 심리적 학대가 발생할 가능성이 큰 것으로 파악되었다. 재정적 학대 역시 딸의 숫자에 따라 유의미한 차이를 보였다. 딸이 3명 이상인 경우, 2명 이상 순으로 높게 나타나 재정학대는 딸이 많은 노인 집단에서 발생률이 높았다. 방임의 경우는 딸이 1-2명인 경우에 가장 높게 나타났다. 자녀의 성비에 의한 학대유형의 차이는 아들의 부양에 의지하는 한국의 상황을 반영하는 것으로 보여지며 외아들 즉 딸이 없는 경우나 딸이 많은 경우의 상반된 상황에서 심리학대의 발생이 높다는 결과가 이를 증명한다.

셋째, 경제상태 의존도는 학대의 유형 중 심리학대에 유의미한 차이를 보였다. 자녀에게 전적으로 의존하는 경우 노인집단의 평균값(9.84)이 월등히 높게 나타나 자녀에 대한 경제적 의존도가 큰 노인집단이 심리적 학대 발생이 높았다. 이는 자녀에게 생계를 의지하는 경우의 노인이 심리적 학대에 노출되기 쉬운 상황임을 시사하며 노인의 자립능력의 강화나 경제적 지원이 심리적 학대 발생을 감소시킬 수 있음을 보여준다. 마지막으로, 노인의 교육수준이 가해자와 평소관계에 차이를 가져오는 변인으로 조사되었다. 저학력(무학, 국졸)의 노인집단 보다 고학력(중고졸 이상)의 노인집단이 가해자와의 평소관계가 좋지 않았던 것으로 나타났다.

<표 Ⅳ-27> 인구학적 변인에 따른 학대특성의 차이

변수	구분	학대기간 평균	학대기간 표준편차	심리학대 평균	심리학대 표준편차	신체학대 평균	신체학대 표준편차	재정학대 평균	재정학대 표준편차	방임 평균	방임 표준편차	평소관계 평균	평소관계 표준편차
연령	60대	58.65	41.99	5.95	3.69	0.50	0.95	0.70	1.17	2.80	1.99	3.30	
	70대	68.60	62.01	6.27	3.43	0.68	1.44	0.80	1.02	2.36	2.06	3.20	0.73
	80대	80.57	79.97	6.79	3.70	0.71	1.16	0.84	1.15	3.44	1.63	3.32	0.81
	F값	0.76		0.41		0.20		0.11		3.33*		0.24	
교육수준	무학	80.59	74.24	6.26	3.98	0.60	1.24	0.70	0.94	2.83	1.91	3.23	0.73
	국졸	76.06	57.10	6.41	3.67	0.72	1.17	0.76	1.12	3.24	1.77	3.08	0.68
	중고	53.71	72.45	6.78	2.71	0.78	1.59	1.06	1.35	2.39	2.20	3.61	0.85
	대학	34.43	16.10	6.14	2.91	0.26	0.76	0.86	1.22	2.14	2.27	3.57	0.77
	F값	1.47		0.09		0.33		0.46		1.16		2.51#	

변 수	구 분	학대기간		심리학대		신체학대		제정학대		방임		평소관계	
		평 균	표준편차	평 균	표준편차	평 균	표준편차	평 균	표준편차	평 균	표준편차	평 균	표준편차
총자녀수(명)	없음	61.04	51.33	7.00	3.67	1.07	1.44	0.83	1.14	1.90	1.74	3.24	0.69
	1명	90.73	83.33	4.77	3.49	0.40	0.89	0.33	0.76	3.53	1.83	3.10	0.61
	2명	64.96	59.28	6.54	3.55	0.54	1.18	0.96	1.08	3.08	1.98	3.38	0.82
	3명 이상	61.67	60.07	7.89	2.66	0.58	1.43	1.26	1.28	2.95	1.93	3.42	0.96
	F값	1.30		3.79*		1.60		3.35*		4.03*		0.92	
경제상태(자녀의존)	전적의존	60.83	52.53	9.84	2.54	0.84	1.12	0.84	1.07	3.16	1.64	0.05	0.23
	부분의존	65.00	56.15	6.55	3.59	0.73	1.42	0.73	1.10	2.91	1.97	0.00	0.00
	약간의존	138.50	147.79	7.00	0.00	2.00	0.00	0.50	0.71	3.00	2.83	0.00	0.00
	의존안함	72.76	68.70	5.43	3.29	0.56	1.26	0.80	1.12	2.76	2.02	0.17	0.38
	F값	0.88		9.64***		1.08		0.07		0.22		1.36	

# $p<0.1$ * $p<0.05$ ** $p<0.01$ *** $p<0.001$

3. 인구학적 배경변인에 따른 피해영역의 차이

노인의 학대피해영역에 통계적으로 유의미한 수준에서 차이를 나타낸 연구대상자의 특성은 교육수준과 총 자녀수(남자)였다<표 Ⅳ-28>.

학대의 심리적 피해영역인 우울 및 불안은 교육수준에 따른 차이를 보였다. 국졸 노인의 우울 및 불안의 평균값(2.92)이 가장 높게 나타났다. 학대의 사회적 피해영역인 대인 예민성은 총 자녀수 남자 즉 아들의 수에 따라 차이를 보였다. 아들이 수가 2명일 경우 및 3명 이상의 평균값이 높게 나타나 아들이 많은 노인집단이 학대 후 대인 예민성이 높게 나타났다. 즉 아들이 많은 노인이 학대를 받은 경우 학대결과로 대인 예민성이 높게 나타난다고 볼 수 있는데 이는 아들의 부양이 보편적인 한국 상황에서 다수의 아들을 가진 노인이 학대를 당한 경우 타인의 시선을 더욱 의식하게 되는 것으로 유추할 수 있다.

학대 행동피해영역인 적대행동 역시 총 자녀수 남자 즉 아들의 수에 따라 차이를 보였다. 아들이 2명인 노인집단과 3명 이상인 노인집단의 평균값이 높게 나타나 아들이 많은 노인들이 학대 후 적대행동을 보이는 비율이 높은 것으로 드러났다. 이렇듯 총 자녀수 남자 즉 아들이 학대의 행동적, 사회적 피해영역에 주요한 차이를 보이는 변인으로 나타난 배경에는 현세대 노인들의 아들에게 노후를 의지하고자 하는 부양기대감과 동시에 아들이 부양책임을 안고 있는 사회적 인식이 동시에 작용하고 있음을 알 수 있다.

<표 Ⅳ-28> 인구학적 변인에 따른 학대피해영역의 차이

변수구분		의료처치		신체화		우울불안		공포		사회회피		대인예민		적대행동		자살충동	
		평균	표준편차	평균	표준편차	평균	표준편차	평균	표준편차	평균	표준편차	평균	표준편차	평균	표준편차	평균	표준편차
교육수준	무학	1.23	0.42	3.09	0.80	2.47	0.67	1.81	0.74	3.63	3.61	1.86	0.64	1.41	0.43	1.50	0.64
	국졸	1.19	0.38	3.21	0.87	2.92	0.81	2.20	1.10	4.43	4.17	2.01	0.85	1.64	0.74	1.63	0.60
	중고	1.28	0.46	3.02	1.12	2.91	0.84	2.47	1.42	5.39	4.34	2.13	1.19	1.84	0.89	1.53	0.51
	대졸	1.29	0.49	2.98	1.07	2.51	1.17	1.86	1.11	4.29	3.99	1.77	0.50	1.74	0.87	1.57	0.79
	F값	0.23		0.29		2.60#		2.03		0.85		0.62		2.02		0.28	
종자녀수(남)	없음	1.16	0.37	3.24	0.77	2.50	0.69	1.97	0.83	4.26	3.51	1.80	0.60	1.33	0.51	1.58	0.69
	1명	1.18	0.39	2.99	0.93	2.57	0.82	1.83	0.97	3.40	3.71	1.73	0.70	1.45	0.58	1.53	0.62
	2명	1.36	0.49	3.26	1.04	2.95	0.89	2.41	1.33	5.96	4.24	2.30	1.13	1.82	0.90	1.54	0.51
	3명이상	1.20	0.41	3.03	0.79	2.83	0.77	2.12	1.00	3.76	4.05	2.02	0.68	1.74	0.61	1.58	0.65
	F값	1.18		0.63		1.72		1.50		2.27#		2.62#		2.85*		0.05	

# p<0.1 * p<0.05 ** p<0.01 *** p<0.001

C. 연구변인들 간의 관계분석

본 연구에서는 연구변인 간의 관계를 검증하기 위하여 정준 상관관계 분석(Canonical Correlation Analysis)을 실시하였다. 정준 상관관계 분석은 다수의 계량적 종속변수와 다수의 계량적 독립변수 간의 상관관계를 알아보고자 할 때 쓰이는 방법으로 기본원리는 종속변수군과 독립변수군 두 변수군 간의 상관을 가장 크게 하는 각 변수군의 선형조합을 찾아내는 일이다. 즉 종속변수군과 독립변수군 간의 상관을 최대화하여 각 변수군의 가중치의 집합을 찾아낸다(차빈석 외, 2001).

검증결과는 <표 Ⅳ-29>와 같다. 첫째, 개인적 위험요인은 학대특성, 학대피해영역 중 심리, 행동, 사회영역과 통계적으로 유의미한 수준에서 상관관계가 있었다. 개인적 위험요인과 학대특성, 그리고 학대피해요인 중 행동, 심리, 사회영역은 상호영향을 주는 밀접한 관계가 있다. 즉 학대피해노인의 개인적 특질은 어떠한 학대를 받게 되는가를 나타내는 학대의 특성과 상관되며 이의 결과로 나타나는 피해영역에도 가장 강한 상관관계를 보이고 있다.

둘째, 가족적 위험요인은 사회, 문화적 위험요인, 학대피해요인 중 심리영역과 유의미한 상관관계가 있었다. 즉 가족적 위험요인과 사회, 문화적 위험요인, 그리고 학대피해요인 중 특히 심리영역은 상호영향을 주는 밀접한 관계이다. 이는 노인이 관련된 가족, 가족이 관련된 거시체계인 사회와 상관되며 특히 학대 후 노인들에게 심리적 증상을 야기함을 시사하므로 본 연구의 이론적 기반인 생태학적 관점에서 노인학대 위험요인과 피해의 관계를 보다 잘 설명할 수 있음을 보여준다.

셋째, 사회, 문화적 위험요인은 학대피해요인 중 심리, 행동, 사회적 피해영역과 유의미한 상관관계가 있었다. 즉 사회, 문화적 위험요인과 학대피해요인 중 특히 심리, 사회, 행동영역은 상호영향을 주는 밀접한 관계가 있다. 학대특성요인은 학대피해요인 중 심리영역과 유의미한 상관관계를 보여 학대특성요인과 학대피해요인 중 특히 심리영역은 상호 영향을 주는 밀접한 관계가 있었다. 즉 학대의 특성과 가해자와의 관계 정도가 노인들의 심리적 피해를 가중시킬 수 있다는 결과이다.

<표 Ⅳ-29> 연구변인 간 상관관계

	개인 위험	가족 위험	사회 위험	학대 특성	신체적 영역	심리적 영역	행동적 영역	사회적 영역
개 인 위 험	1.000							
가 족 위 험	0.310	1.000						
사 회 위 험	0.300	0.402*	1.000					
학 대 특 성	0.412*	0.361	0.238	1.000				
신체적 피해영역	0.625	0.628	0.813	0.487	1.000			
심리적 피해영역	0.426*	0.348**	0.401**	0.405**	0.673	1.000		
행동적 피해영역	0.538***	0.246	0.331*	0.344	0.156	0.655***	1.000	
사회적 피해영역	0.340*	0.291	0.361*	0.365	0.468	0.762***	0.671***	1.000

* p<0.05   ** p<0.01   *** p<0.001

D. 가설 검증

1. 학대의 위험요인과 학대의 특성에 관한 가설

가설 1. 학대의 위험요인은 학대의 특성에 영향을 미칠 것이다.

가설 1-1. 학대의 개인적 위험요인은 학대의 특성에 영향을 미칠 것이다.

학대의 개인적 위험요인이 학대의 특성의 하위요인에 미치는 영향을 파악하고자 다중회귀분석을 실시하였다. 분석결과 교육수준이 가해자와 평소관계에 영향을 주는 요인으로 나타났다<표 Ⅳ-30>. 즉 대졸 노인을 기준으로 했을 때 국졸노인의 가해자와 평소관계가 좋지 않다는 결과는 노인의 교육수준이 낮은 경우의 노인이 가해자와 평소관계가 저하되는 것으로 유추해볼 수 있다.

개인적 위험요인이 학대유형에 미치는 영향을 살펴보았다<표 Ⅳ-31>. 인지기능, 성별, 경제상태 의존도가 심리적 학대에 유의미한 영향을 주는 요인으로 나타났다. 인지기능이 낮아질수록 심리적 학대가 높게 나타났고 여성노인이 심리적 학대 발생이 높게 나타났다. 경제상태 의존도는 자녀에게 전혀 의존하지 않는 경우를 기준으로 자녀에게 전적으로 의존하는 노인 경우에 심리적 학대가 증가하였다. 즉 여성이며 인지기능이 낮고 자녀에 대한 경제적 의존도가 높은 노인이 심리적 학대 발생률이 높게 나타났다. 여성이 남성보다 심리적 학대 발생률이 높은 결과가 흥미로우며 자녀에 대한 경제적 의존도가 높은 노인의 경우 심리적인 학대 발생에 노출정도가 높은 결과는 노인의 경제적 자립도가 심리적 학대 발생을 조절할 수 있음을 시사한다.

다음, 신체 기능은 방임에 유의미한 영향을 미치는 요인이다. 신체기능이 저하된 노인이 방임유형의 학대가 증가하였다. 교육수준은 대졸학력을 기준으로 국졸학력인 노인에게 방임 발생률이 증가하였다. 즉 신체 기능이 낮고 학력이 낮은 노인이 방임학대 발생률이 높아진다고 볼 수 있다. 노인의 기능수준이 학대유형에 영향을 미치는 결과는 선행연구(한은주, 2000)결과와 일치하며 인지기능이 낮은 노인이 심리적 학대에, 신체적 기능이 저하된 노인이 방임에 노출되기 쉽다는 결과가 주목된다. 개인적 위험요인의 심리적 학대에 대한 설명력은 31.1%로 높게 나타났다.

통계적으로 유의미한 수준은 아니나 노인의 교육수준은 학대기간에 영향을 미치는 경향성을 보였다. 즉 대졸 노인을 기준으로 무학, 국졸 즉 학력이 낮은 노인의 경우에 학대기간이 증가하였다. 이는 학력이 사회적 관계정도에 영향을 주는 한국적 상황에서 저 학력의 노인이 학대를 받는 경우에 학대노출이 더 어려움을 시사한다. 보편적으로 학력이 낮은 현세대 노인들을 대상으로 학대예방에 관한 대중교육 등을 실시한다면 결과적으로 학대기간을 감소시키는데 효과가 있으리라 여겨진다. 그러므로 <가설 1-1>은 부분적으로 지지되었다.

<표 Ⅳ-30> 개인적 위험요인이 학대기간, 가해자와 평소관계에 미치는 영향

변 수	학대기간			가해자와 평소관계		
	B	β	S. E.	B	β	S. E.
신체기능	−8.598	−0.145	7.229	0.021	0.030	0.078
인지기능	−1.597	−0.018	11.420	−0.025	−0.024	0.123
연 령	0.773	0.084	0.995	0.005	0.047	0.011
성별1$^{(1)}$	16.773	0.101	21.507	0.352	0.189	0.228
자녀수	0.360	0.010	3.767	0.032	0.079	0.040
교육수준1$^{(2)}$	60.967$^{\#}$	0.453	31.167	0.635$^{\#}$	0.412	0.338
교육수준2$^{(3)}$	55.982$^{\#}$	0.140	30.410	0.739	0.472	0.327
교육수준3$^{(4)}$	24.584	0.141	30.435	−0.140	−0.071	0.327
경제상태1$^{(5)}$	−23.687	−0.139	19.386	−0.677	−0.350	0.204
경제상태2$^{(6)}$	−23.855	−0.114	23.531	−0.480	−0.198	0.254
경제상태3$^{(7)}$	51.515	0.110	48.184	−0.564	−0.104	0.521
상수	3.138			1.914		
R^2	0.113			0.204		
F	1.004			2.102*		

주) (1) 성별1: 남자 (2) 교육수준1: 대졸 기준 무학 (3) 교육수준2: 국졸
   (4) 교육수준3: 중, 고졸 (5) 경제상태1: 전혀 의존치 않음 기준 자녀에게 전적 의존
   (6) 경제상태2: 부분적 의존 (7) 경제상태3: 별로 의존하지 않음

<표 Ⅳ-31> 개인적 위험요인이 학대유형에 미치는 영향

변 수	심리학대			신체학대			재정학대			방 임		
	B	β	S.E.	B	β	S.E.	B	β	S.E.	B	β	S.E.
신체기능	0.389	0.121	0.342	0.103	0.091	0.136	0.098	0.099	0.120	0.730***	-0.416	0.202
인지기능	-0.906#	-0.184	0.540	0.030	0.018	0.215	0.110	0.073	0.189	0.177	0.066	0.318
연 령	-0.012	-0.025	0.047	0.013	0.178	0.019	0.019	0.122	0.016	0.016	0.058	0.027
성별1[1]	-2.075*	-0.237	0.998	-0.494	-0.161	0.397	-0.306	-0.011	0.350	0.330	0.069	0.588
자녀수	0.071	0.038	0.176	-0.146*	-0.222	0.070	0.117#	0.204	0.062	0.126	0.123	0.104
교육수준1[2]	-1.273	-0.175	1.481	-0.185	-0.073	0.589	-0.369	-0.166	0.519	1.235	0.312	0.872
교육수준2[3]	-0.867	-0.118	1.434	0.022	0.009	0.571	-0.207	-0.091	0.503	1.750*	0.435	0.844
교육수준3[4]	1.280	0.138	1.434	0.525	0.161	0.571	0.186	0.065	0.503	0.869	0.171	0.844
경제상태1[5]	452***	0.497	0.892	0.559	0.175	0.355	-0.023	-0.008	0.313	-0.042	-0.009	0.525
경제상태2[6]	0.943	0.082	1.113	0.419	0.105	0.443	-0.031	-0.009	0.390	-0.416	-0.067	0.655
경제상태3[7]	1.911	0.075	2.283	1.693#	0.189	0.908	-0.369	-0.047	0.800	-0.506	-0.036	1.344
상수	9.657			-0.537			-1.567			1.901		
R^2	0.311			0.109			0.101			0.196		
F	3.697***			1.005			0.914			1.933*		

\# p<0.1 * p<0.05 ** p<0.01 *** p<0.001

주) (1) 성별1: 남자 (2) 교육수준1: 대졸 기준 무학 (3) 교육수준2: 국졸 (4) 교육수준3: 중, 고졸
(5) 경제상태1: 전혀 의존치 않음 기준 자녀에게 전적 의존 (6) 경제상태2: 부분적 의존 (7) 경제상태3: 별로 의존하지 않음

가설 1-2. 학대의 가족적 위험요인은 학대의 특성에 영향을 미칠 것
이다.

학대의 특성에 통계적으로 유의미한 영향을 주는 가족적 위험요인은
가족결속력이었다<표 Ⅳ-32>. 가족결속력은 가해자와 평소관계에 정
적 영향을 미쳐 학대피해노인가족의 경우에 가족의 결속력이 높아질수
록 오히려 피해자와 가해자의 평소관계가 저하되었다. 이는 조사응답자
인 노인자신이 소외되거나 방관된 상태의 가족결속력일 가능성이 높다.
가족결속력의 가해자 평소관계에 대한 설명력은 17.7%로 나타났다.

통계적으로 유의미한 수준은 아니나 가족적 위험요인이 학대 유형에
유의미한 경향성을 보임을 주목할 필요가 있다<표 Ⅳ-33>. 자녀관계
만족도는 학대유형 중 심리적 학대에 유의미한 부적경향을 보여 노인의
자녀에 대한 관계 만족도가 떨어질수록 심리적 학대가 증가하였다. 문제
해결 능력은 방임에 유의미한 부적 경향을 보여 가족의 문제해결 능력
이 떨어질수록 방임이 증가하였다. 그러므로 <가설 1-2>는 부분적으
로 지지되었다.

<표 Ⅳ-32> 가족적 위험요인이 학대기간, 가해자와 평소관계에 미치는 영향

변 수	학대기간			가해자와 평소관계		
	B	β	S. E.	B	β	S. E.
가족결속력	16.580	0.176	14.033	0.278#	0.259	0.149
관계 만족도	9.945	0.109	9.982	0.126	0.121	0.105
의사소통	18.749	0.244	11.647	0.107	0.121	0.123
정서적 관여	−2.317	−0.028	10.869	−0.126	−0.131	0.115
문제해결	−29.553#	−0.387	15.316	0.090	0.103	0.161
상수	31.716			1.468		
R^2	0.065			0.177		
F	1.246			3.958**		

# $p<0.1$ * $p<0.05$ ** $p<0.01$ *** $p<0.001$

<표 IV-33> 가족적 위험요인이 학대유형에 미치는 영향

변 수	심리학대			신체학대			재정학대			방임		
	B	β	S.E.	B	β	S.E.	B	β	S.E.	B	β	S.E.
가족결속력	-0.988	-0.201	0.712	-0.186	-0.111	0.246	1.327	-0.178	0.234	0.476*	0.175	0.404
관계 만족도	-0.881#	-0.186	0.502	-0.223	-0.139	0.173	-0.093	-0.062	0.165	-0.023	-0.009	0.285
의사소통	-0.124	-0.031	0.589	0.230	0.167	0.203	0.032	0.025	0.193	0.569#	0.254	0.334
정서적 관여	0.257	0.059	0.551	0.019	0.013	0.190	0.125	0.090	0.181	0.152	0.063	0.313
문제해결	-0.048	-0.012	0.772	-0.239	-0.177	0.267	-0.009	-0.078	0.253	-0.981*	-0.443	0.438
상수	10.976			1.602			1.327			2.216		
R^2	0.098			0.068			0.029			0.057		
F	2.009			1.333			0.548			1.114		

# $p<0.1$ * $p<0.05$ ** $p<0.01$ *** $p<0.001$

가설 1-3. 학대의 사회, 문화적 위험요인은 학대의 특성에 영향을 미
칠 것이다.

사회, 문화적 위험요인 중 학대기간에 유의미한 영향을 미치는 요인은
단체 참여 회수와 친척 접촉회수이다<표 Ⅳ-34>. 단체 참여회수는 년
1-3회를 기준으로 월 1-3회의 경우 학대기간이 증가한 것으로 나타났
다. 친척 접촉회수는 년 1-6회 기준으로 주 1-3회의 경우 학대기간이
감소하는 것으로 나타났다. 즉 단체관련 경우는 월 1-3회 참여하는 노
인이 학대기간이 길게 나타났고 친척 접촉회수 정도는 접촉회수가 많을
수록 학대기간이 감소하였다. 이는 학대피해 노인의 사회적 관계정도를
의미하며 사회적 관계정도가 낮은 노인은 결과적으로 고립되어 학대기
간이 길어진다. 이러한 결과는 사회적 지원이 학대기간에 영향을 미치는
중요한 요인이며 학대피해 노인의 사회적 관계망의 확대는 학대기간을
감소시킬 수 있음을 시사한다.

학대유형 중 심리적 학대에 영향을 미치는 요인은 자녀접촉회수와 친
척 접촉회수로 나타났다<표 Ⅳ-35>. 자녀 접촉회수는 년 1-6회를 기
준으로 매일 만나는 경우에 심리적 학대가 감소하였다. 친척 접촉회수는
년 1-6회를 기준으로 주 1-3회의 경우, 월 1-3회의 경우 즉 접촉회
수가 증가했을 때 심리적 학대가 감소한 것으로 나타났다. 방임의 경우
원조요청, 단체 참여회수, 친척 접촉회수가 영향을 주는 변인이다. 원조
요청은 정적 영향을 미쳐 원조요청을 한 경우의 노인들이 방임형태의
학대를 많이 당한 것으로 보인다. 단체 참여회수는 년 1-3회를 기준으
로 월 1-3회 정도 참여하는 노인이 방임형태의 학대를 많이 당한 것으
로 조사되었다. 이런 결과는 조사대상자인 학대피해 노인이 현재 관련단
체의 지원으로 생존하는 경우가 많은 영향을 받은 것으로 보여진다. 친

척 접촉정도는 년 1-6회를 기준으로 월 1-3회의 경우 방임이 증가한 것으로 나타났다. 이는 방임된 노인이 자녀보다는 친척과 접촉정도가 높음을 시사한다. 이상의 결과는 사회, 문화적 위험요인 특히, 사회적 지원이 학대의 특성에 영향을 준다는 선행연구 결과(Anetzberger, 1997)와 부합하며 사회적 지원 및 개입을 통해 학대기간의 감소를 유도하고 학대유형에 따른 피해를 조절할 수 있음을 설명하고 있다. 심리적 학대에 대한 설명력은 18.9%, 방임에 대한 설명력은 24.4%로 나타났다. 그러므로 <가설 1-3>은 지지되었다.

<표 Ⅳ-34> 사회, 문화적 위험요인이 학대기간, 가해자와 평소관계에 미치는 영향

변 수	학대기간			가해자와 평소관계		
	B	β	S. E.	B	β	S. E.
부양기대	0.498	0.007	7.894	−0.064	−0.077	0.087
원조요청	6.986	0.053	14.136	−0.065	−0.043	0.156
참여회수1[1]	0.454	0.002	28.042	0.063	0.026	0.317
참여회수2[2]	39.698#	0.302	21.822	−0.047	−0.031	0.245
단체관련[3]	−14.241	−0.096	23.463	0.147	0.087	0.263
자녀접촉회수1[4]	19.977	0.151	17.689	0.267	0.176	0.194
자녀접촉회수2[5]	17.202	0.088	25.637	0.223	0.102	0.275
자녀접촉회수3[6]	−0.468	−0.003	20.630		0.339	0.228
친척접촉회수1[7]	−20.250	−0.132	16.739	0.643**	−0.114	0.188
친척접촉회수2[8]	−58.086#	−0.211	32.628	−0.202	−0.216	0.360
친척접촉회수3[9]	2.731	0.015	19.528	−0.691# 0.249	0.117	0.220
상수	53.899			2.650		
R^2	0.189			0.152		
F	1.909*			1.466		

# $p<0.1$　* $p<0.05$　** $p<0.01$　*** $p<0.001$
주) (1) 참여회수: 년 1-3회 기준 매일, 주 1-3회 (2) 월 1-3회 (3) 비관련기준
(4) 자녀접촉회수 1: 년 1-6회 기준으로 매일 (5) 주 1-3회 (6) 월 1-3회
(7) 친척접촉 회수1: 년 1-6회 기준으로 매일 (8) 주 1-3회 (9) 월 1-3회

<표 Ⅳ-35> 사회, 문화적 위험요인이 학대유형에 미치는 영향

변 수	심리학대 B	β	S.E.	신체학대 B	β	S.E.	재정학대 B	β	S.E.	방 임 B	β	S.E.
부양기대	0.327	0.083	0.400	0.009	0.006	0.149	0.050	0.041	0.128	-0.058	-0.027	0.210
원조요청	1.141	0.160	0.719	-0.305	-0.122	0.268	0.545*	0.249	0.230	0.637#	0.164	0.379
참여횟수1(1)	-0.583	-0.051	1.458	0.639	0.160	0.542	0.005	0.002	0.467	1.021	0.164	0.767
참여횟수2(2)	-1.696	-0.239	1.127	0.263	0.106	0.419	-0.060	-0.028	0.361	1.435*	0.371	0.593
단체관련	0.088	0.011	1.213	-0.425	-0.153	0.451	0.215	0.088	0.388	-0.949	-0.219	0.638
자녀접촉횟수1(4)	-1.528#	-0.214	0.895	-0.413	-0.165	0.333	0.076	0.035	0.287	1.451	0.373	0.471
자녀접촉횟수2(5)	-0.942	-0.091	1.268	-0.699	-0.194	0.472	0.501	0.158	0.406	0.785	0.140	0.667
자녀접촉횟수3(6)	-1.414	-0.158	1.050	-0.819*	-0.262	0.390	0.461	0.168	0.336	0.167	0.034	0.552
친척접촉횟수1(7)	0.213	0.025	0.865	-0.050	-0.017	0.322	0.020	0.008	0.277	-0.166	-0.036	0.455
친척접촉횟수2(8)	-3.249#	-0.216	1.656	0.632	0.120	0.616	0.070	0.015	0.530	-0.831	-0.101	0.871
친척접촉횟수3(9)	-1.752#	-0.175	1.012	-0.186	-0.053	0.376	-0.244	-0.079	0.324	1.316*	0.241	0.532
상수	6.831			1.312			0.107			1.727		
R²	0.189			0.084			0.117			0.244		
F	1.909*			0.746			1.083			2.644**		

\# p<0.1 * p<0.05 ** p<0.01 *** p<0.001

주: (1) 참여횟수: 넌 1-3회 기준 매일, 주 1-3회 (2)월 1-3회 (3) 비관련기준 (4) 자녀접촉횟수 1: 넌 1-6회 기준으로 매일
(5) 주 1-3회 (6) 월 1-3회 (7) 친척접촉 횟수1: 넌 1-6회 기준으로 매일 (8) 주 1-3회 (9) 월 1-3회

2. 학대의 위험요인과 학대피해영역에 관한 가설

> 가설 2. 학대의 개인적 위험요인은 학대피해영역에 영향을 미칠 것이다.

가설 2-1. 학대의 개인적 위험요인은 학대의 신체적 피해영역에 영향을 미칠 것이다.

학대의 개인적 위험요인이 신체적 피해영역에 미치는 영향을 살펴보았다<표 Ⅳ-36>. 신체기능은 조사대상노인의 신체화 현상에 유의미한 부적 영향을 주었다. 즉 신체기능이 저하될수록 신체화 현상이 심화되었다. 이는 건강한 노인보다는 신체적 기능이 저하된 노인이 학대 후 신체적 증상을 나타낼 가능성이 크며(한동희, 1996) 신체적 피해 또한 커짐을 보여준다. 개인적 위험요인의 신체화 현상에 대한 설명력은 24.7%로 나타났다.

노인의 학대 후 진료회수에 통계적으로 유의미한 영향을 주는 요인은 교육수준과 경제상태의존도이다. 교육수준은 대졸노인을 기준으로 국졸노인의 경우에 진료회수가 감소하였다. 즉 노인의 교육수준이 낮을 수록 진료회수가 감소한 것으로 노인의 교육수준이 의료서비스 접근에 영향을 미치고 있다. 경제상태의존도는 자녀에게 전혀 의존치 않는 경우를 기준으로 별로 의존치 않는 경우에 진료회수가 증가하였다. 즉 경제상태의존도가 높은 노인이 진료회수가 많아짐을 알 수 있다. 진료회수에 대한 설명력은 23.5%로 나타났다. 그러므로 <가설 2-1>은 지지되었다.

<표 Ⅳ-36> 개인적 위험요인이 신체적 피해영역에 미치는 영향

변 수	신체화			진료회수		
	B	β	S. E.	B	β	S. E.
신체기능	−0.367**	−0.452	0.090	−0.133	−0.063	0.247
인지기능	−0.042	−0.034	0.142	0.077	0.024	0.384
연 령	0.001	0.006	0.012	0.000	0.000	0.034
성별1[1]	−0.344	−0.156	0.263	−0.306	−0.053	0.734
자녀수	0.008	0.017	0.046	−0.003	−0.002	0.129
교육수준1[2]	−0.040	−0.022	0.390	−1.362	−0.286	1.095
교육수준2[3]	0.157	0.085	0.378	−1.834*	−0.383	1.063
교육수준3[4]	0.280	0.120	0.378	−1.181	−0.186	1.093
경제상태1[5]	0.017	0.007	0.235	0.508	0.088	0.627
경제상태2[6]	0.231	0.080	0.293	1.120	0.148	0.811
경제상태3[7]	−0.270	−0.042	0.602	7.706***	0.439	1.592
상수	0.4523			2.619		
R^2	0.247			0.235		
F	2.681**			2.295*		

\# $p<0.1$ * $p<0.05$ ** $p<0.01$ *** $p<0.001$
주) (1) 성별1: 남자 (2) 교육수준1: 대졸기준으로 무학 (3) 국졸 (4) 중, 고졸
　　(5) 경제상태: 전혀 의존치 않음을 기준으로 전적 의존 (6) 부분적 의존 (7) 별로 의
　　존치 않음

가설 2-2. 학대의 개인적 위험요인은 학대의 심리적 피해영역에 영
　　　　향을 미칠 것이다.

개인적 위험요인이 학대의 심리적 피해영역에 미치는 영향을 살펴보았
다<표 Ⅳ-37>. 검증결과 우울 및 불안에 통계적으로 유의미한 범위에서
영향을 주는 요인은 인지기능, 자녀수, 교육수준이었다. 먼저, 인지기능은
부적 영향을 주어 인지기능이 저하된 노인이 학대 후 우울 및 불안의 정
도가 심화되었다. 자녀수는 우울 및 불안 증상에 정적 영향을 미쳐 자녀수

가 많을수록 노인의 우울 및 불안 정도가 심해졌다. 마지막으로, 교육수준은 대졸을 기준으로 국졸, 중/고졸 즉 교육수준이 낮은 경우에 우울 및 불안이 증대되어 교육수준이 낮은 노인이 학대를 받을 경우 불안 및 우울이 증가함을 알 수 있다. 요약하면 인지기능이 낮고, 자녀수가 많으며 교육수준이 낮은 노인이 학대 후 우울 및 불안이 높게 나타남을 알 수 있다. 개인적 위험요인의 우울 및 불안에 대한 설명력은 23.5%이다.

인지기능은 공포에 부적 영향을 보였다. 즉 인지기능이 저하된 노인이 학대 후 공포심이 증가됨을 알 수 있다. 개인적 위험요인의 공포에 대한 설명력은 18.0%이다. 따라서 <가설 2-2>는 지지되었다.

<표 Ⅳ-37> 개인적 위험요인이 심리적 피해영역에 미치는 영향

변 수	우울 및 불안			공포		
	B	β	S. E.	B	β	S. E.
신체기능	-0.047	-0.064	0.077	-0.069	-0.072	0.111
인지기능	-0.443***	-0.394	0.121	-0.410*	-0.279	0.175
연 령	-0.002	-0.021	0.010	0.004	0.026	0.015
성별1[1]	0.151	0.075	0.224	-0.380	-0.146	0.324
자녀수	0.089*	0.208	0.040	0.054	0.096	0.057
교육수준1[2]	0.186	0.112	0.333	-0.268	-0.124	0.481
교육수준2[3]	0.605#	0.360	0.322	0.159	0.072	0.466
교육수준3[4]	0.565#	0.267	0.322	0.651	0.235	0.466
경제상태1[5]	0.175	0.084	0.200	-0.291	-0.107	0.290
경제상태2[6]	-0.351	-0.135	0.250	-0.051	-0.015	0.361
경제상태3[7]	0.338	0.058	0.513	0.045	0.006	0.741
상수	4.292			3.176		
R^2	0.235			0.180		
F	2.295#			1.792#		

# $p<0.1$ * $p<0.05$ ** $p<0.01$ *** $p<0.001$
주) (1) 성별1: 남자 (2) 교육수준: 대졸을 기준으로 무학 (3) 국졸 (4) 중, 고졸
  (5) 경제상태1: 전혀 의존치 않음을 기준으로 자녀에게 전적 의존 (6) 부분적 의존
  (7) 별로 의존치 않음

가설 2-3. 학대의 개인적 위험요인은 학대의 행동적 피해영역에 영
        향을 미칠 것이다.

개인적 위험요인이 학대의 행동적 피해영역에 미치는 영향을 살펴보
았다<표 Ⅳ-38>. 적대행동에 유의미한 영향을 주는 요인은 신체기능,
인지기능, 자녀수, 경제상태의존도이다. 신체기능은 적대행동에 정적 영
향을 보여 신체기능이 양호할수록 적대행동이 증가하였다. 인지기능은
부적 영향을 주어 인지기능이 떨어질수록 적대행동이 증가하였다. 자녀
수는 적대행동에 정적 영향을 주었다. 즉 자녀수가 많을수록 노인의 적
대행동이 증가하였다. 경제상태는 자녀에게 전혀 의존치 않는 경우를 기
준으로 부분적으로 의존하는 경우에 적대행동이 감소되었다. 즉 노인의
경제적 자녀의존도가 높을수록 적대행동이 증가하였다. 결국 노인의 신
체기능이 양호할수록, 인지기능이 떨어질수록, 자녀수가 많을수록, 경제
상태 의존도가 높을수록 학대의 결과로서 피해노인의 적대행동이 증가
하였다. 신체기능과 인지기능이 적대행동에 상반된 영향을 미치는 결과
가 흥미로우며 자녀가 많을 경우 노인의 적대행동의 증가는 노인의 사
회적 관계망이 커지므로 행동적 결과가 크게 나타나는 것으로 보여진다.
개인적 위험요인의 적대행동에 대한 설명력은 37.2%로 나타났다.

자살충동에 영향을 미치는 요인은 경제상태 의존도이다. 경제상태의존
도는 자녀에게 전혀 의존하지 않는 경우를 기준으로 별로 의존치 않는
노인경우에 자살충동이 증가하였다. 즉 노인의 자녀에 대한 경제적 의존
도가 높은 경우에 자살충동이 증가하였다. 경제적으로 자녀에게 의존적
인 노인이 학대를 받을 경우 자살충동이 높아지는 현상은 자녀에게 생
계를 의지하던 노인이 생존위협에 직면하여 죽음에 대한 욕구가 높아지
는 것으로 분석할 수 있다. 자살충동에 대한 영향력은 17.7%였다. 그러

므로 <가설 2-3>은 지지되었다.

<표 Ⅳ-38> 개인적 위험요인이 행동적 피해영역에 미치는 영향

변 수	적대행동			자살충동		
	B	β	S. E.	B	β	S. E.
신체기능	0.126*	0.203	0.063	−0.083	−0.150	0.064
인지기능	−0.580***	−0.608	0.100	−0.168	−0.200	0.102
연 령	−0.010	−0.109	0.009	0.002	0.023	0.009
성별1[(1)]	0.196	0.116	0.184	0.239	0.161	0.191
자녀수	0.087**	0.239	0.032	−0.034	−0.107	0.033
교육수준1[(2)]	−0.128	−0.091	0.273	0.096	0.078	0.279
교육수준2[(3)]	0.011	0.008	0.264	0.165	0.130	0.270
교육수준3[(4)]	0.027	0.015	0.264	0.038	0.024	0.271
경제상태1[(5)]	−0.271	−0.154	0.164	−0.060	−0.039	0.168
경제상태2[(6)]	−0.427*	−0.193	0.205	0.003	0.001	0.209
경제상태3[(7)]	−0.037	−0.008	0.421	1.016*	0.236	0.429
상수	4.276			2.377		
R^2	0.372			0.177		
F	4.851***			1.701[#]		

# $p<0.1$ * $p<0.05$ ** $p<0.01$ *** $p<0.001$
주) (1) 성별1: 남자 (2) 교육수준1: 대졸을 기준으로 무학 (3) 국졸 (4) 중, 고졸
(5) 전혀 의존하지 않음을 기준으로 자녀에게 전적 의존 (6) 부분적 의존 (7) 별로
의존치 않음

가설 2-4. 학대의 개인적 위험요인은 학대의 사회적 피해영역에 영
향을 미칠 것이다.

학대의 개인적 위험요인 중 인지기능이 사회적 피해영역에 유의미한
영향을 주는 요인으로 나타났다<표 Ⅳ-39>. 인지기능은 대인 예민성에
통계적으로 유의미한 부적 영향을 주어 인지기능이 떨어질수록 학대 후
노인의 대인 예민성이 높아졌다. 대인 예민성에 대한 설명력은 16.9%로

나타났다.

또한 인지기능은 통계적으로 유의한 수준은 아니나 사회회피에 부적 영향을 미치는 요인으로 인지기능이 떨어질수록 사회회피가 증가하였다. 인지능력이 저하된 노인들의 사회적 회피나 대인 예민성의 증가는 사회적으로 노인을 더욱 고립시켜 학대 노출을 어렵게 하는 요인으로 파악된다. 따라서 인지능력이 저하된 지역사회 노인들의 학대피해나 잠재 가능성을 인식하고 적절한 사례관리 및 개입이 실행된다면 잠재적으로 학대 위험성을 가진 노인이나 학대피해노인의 사회적 피해 감소에 효과적일 것으로 고려된다. 그러므로 <가설 2-4>는 부분적으로 지지되었다.

<표 Ⅳ-39> 개인적 위험요인이 사회적 피해영역에 미치는 영향

변 수	사회회피			대인예민		
	B	β	S. E.	B	β	S. E.
신체기능	0.371	0.103	0.439	0.036	0.048	0.087
인지기능	−1.448*	−0.263	0.692	−0.434**	−0.380	0.137
연 령	0.025	0.044	0.060	0.004	0.032	0.012
성별1[(1)]	−0.181	−0.019	1.279	−0.221	−0.109	0.254
자녀수	0.030	0.014	0.226	0.048	0.110	0.045
교육수준1[(2)]	−0.543	−0.067	1.898	0.022	0.013	0.377
교육수준2[(3)]	0.254	0.031	0.838	0.198	0.116	0.365
교육수준3[(4)]	0.921	0.089	1.839	0.391	0.182	0.365
경제상태1[(5)]	−1.059	−0.104	1.143	−0.052	−0.025	0.227
경제상태2[(6)]	−2.333	−0.183	1.427	−0.367	−0.139	0.283
경제상태3[(7)]	−1.197	−0.042	2.927	−0.589	−1.000	0.581
상수	7.706			3.240		
R^2	0.087			0.169		
F	0.781			1.658[#]		

\# $p<0.1$ * $p<0.05$ ** $p<0.01$ *** $p<0.001$

주) (1) 성별1: 남자 (2) 교육수준1: 무학 (3) 국졸 (4) 중, 고졸 (5) 자녀에게 전적 의존 (6) 부분적 의존 (7) 별로 의존치 않음

> 가설 3. 학대의 가족적 위험요인은 학대피해영역에 영향을 미칠 것이다.

가설 3-1. 학대의 가족적 위험요인은 학대의 신체적 피해영역에 영향을 미칠 것이다.

대상노인의 가족적 위험요인은 학대의 신체적 피해영역에 통계적으로 유의미한 범위에서 영향력을 나타내지 못하였다<표 Ⅳ-40>. 통계적으로 유의미하지는 않으나 관계 만족도는 신체화 현상, 진료회수에 부적 영향을 주는 경향을 보였다. 즉 노인의 자녀에 대한 관계 만족도가 떨어질수록 학대 결과로서 노인의 신체화 현상이 증가하였고 관계 만족도가 낮을수록 학대 후 진료회수가 증가하였다. 이는 자녀에 대한 만족도가 낮은 노인이 신체적인 증상이 증가하고 이의 결과로 진료회수가 증가하는 것으로 이해 할 수 있다. 따라서 <가설 3-1>은 기각되었다.

<표 Ⅳ-40> 가족적 위험요인이 신체적 피해영역에 미치는 영향

변 수	신체화			진료회수		
	B	β	S. E.	B	β	S. E.
가족결속력	0.240	0.188	0.185	0.742	0.225	0.506
관계 만족도	−0.382**	−0.311	0.131	−0.871*	−0.259	0.377
의사소통	0.016	0.015	0.153	−0.283	−0.104	0.427
정서적 관여	0.075	0.067	0.143	−0.012	−0.004	0.396
문제해결	−0.151	−0.147	0.201	−0.164	−0.062	0.558
상수	3.441			2.483		
R^2	0.090			0.077		
F	1.816			1.398		

# $p<0.1$ * $p<0.05$ ** $p<0.01$ *** $p<0.001$

가설 3-2. 학대의 가족적 위험요인은 학대의 심리적 피해영역에 영
향을 미칠 것이다.

학대의 심리적 피해영역에 유의미한 영향을 미치는 요인은 자녀관계
만족도이다<표 Ⅳ-41>. 자녀관계 만족도는 심리적 피해영역의 하위영
역인 우울 및 불안에 부적 영향을 주었다. 즉 노인이 자녀와의 관계 만
족도가 낮을수록 학대결과 노인의 우울 및 불안이 증가하였다.

관계 만족도는 공포에도 유의미한 부적 영향을 미치는 요인으로 나타
났다. 즉 관계 만족도가 낮을수록 학대 후 심리적 공포심이 증가되었다.
이런 결과는 선행연구(한은주, 2000)에서 가족 관련 변인 중 관계 만족
도가 학대의 발생에 가장 큰 영향을 미치는 요인으로 나타난 것과 맥락
을 같이하며 학대피해노인 가족자체의 기능이나 결속력보다는 피해자와
가해자의 심리적 관계가 심리적 피해영역에 영향을 미치고 있음을 알
수 있다. 그러므로 <가설 3-2>는 지지되었다.

<표 Ⅳ-41> 가족적 위험요인이 심리적 피해영역에 미치는 영향

변 수		우울 및 불안			공포		
		B	β	S. E.	B	β	S. E.
가족결속력		0.124	0.108	0.163	-0.299	-0.197	0.217
관계 만족도		-0.378***	-0.344	0.115	-0.397*	-0.272	0.153
가족 기능	의사소통	0.079	0.084	0.135	-0.056	-0.045	0.179
	정서적 관여	-0.032	-0.032	0.126	0.116	0.086	0.168
	문제 해결	-0.025	-0.027	0.177	0.086	0.070	0.235
상수		3.155			3.451		
R²		0.117			0.120		
F		2.434*			2.506*		

# p<0.1 * p<0.05 ** p<0.01 *** p<0.001

가설 3-3. 학대의 가족적 위험요인은 학대의 행동적 피해영역에 영
향을 미칠 것이다.

가족적 위험요인은 학대의 행동적 피해영역에 통계적으로 유의미한
수준에서 영향력을 나타내지 못하였다<표 Ⅳ-42>. 그러나 통계적으로
유의미한 범위에 근접하는 수준에서 행동적 피해영역에 영향을 미치는
요인은 자녀관계 만족도이다. 즉 노인의 자녀에 대한 관계 만족도가 낮
을수록 학대 후 노인의 적대행동이 증가하는 것으로 조사되었다. 따라서
<가설 3-3>은 기각되었다.

<표 Ⅳ-42> 가족적 위험요인이 행동적 피해영역에 미치는 영향

변 수		적대행동			자살충동		
		B	β	S. E.	B	β	S. E.
가족결속력		-0.209	-0.213	0.143	0.152	0.164	0.143
관계 만족도		$-0.194^{\#}$	-0.205	0.101	-0.080	-0.112	0.143
가족 기능	의사소통	-0.023	-0.028	0.118	-0.084	-0.102	0.093
	정서적 관여	0.014	0.016	0.111	0.017	0.023	0.108
	문제 해결	0.132	0.166	0.155	-0.079	-0.101	0.102
상수		2.298			1.671		
R^2		0.079			0.033		
F		1.576			0.601		

# $p<0.1$ * $p<0.05$ ** $p<0.01$ *** $p<0.001$

가설 3-4. 학대의 가족적 위험요인은 학대의 사회적 피해영역에 영
향을 미칠 것이다.

가족적 위험요인이 학대의 사회적 피해영역에 미치는 영향을 살펴보
았다<표 Ⅳ-43>. 사회회피에 유의미한 부적 영향을 미치는 요인은 관

계 만족도와 의사소통기능으로 나타났다. 즉 노인의 자녀관계 만족도가 낮을수록, 가족의 의사소통 능력이 떨어질수록 학대 후 노인의 사회회피 증상이 증가하였다. 자녀에 대해 불만족하고 가족 내의 의사소통 기능이 원만하지 못해 소외되는 노인이 사회적으로 철회할 가능성이 높은 것으로 보인다.

  통계적으로 유의미한 수준은 아니나 가족결속력은 대인 예민성에 부적영향을 주는 경향을 보였다. 즉 가족결속력이 감소할수록 학대 후 노인의 대인 예민성이 증가하였다. 학대 후 노인들의 사회적 철회에 가족적 위험요인이 영향을 미치는 결과는 노인들이 학대를 가족의 일로 인식하며 체면과 사회적 시선을 중시하는 것과 관련되는 것으로 볼 수 있다. 그러므로 <가설 3-4>는 부분적으로 지지되었다.

<표 Ⅳ-43> 가족적 위험요인이 사회적 피해영역에 미치는 영향

변 수		사회회피			대인예민		
		B	β	S. E.	B	β	S. E.
가족결속력		−0.538	−0.096	0.818	−0.281#	−0.244	0.168
관계 만족도		−1.275*	−0.235	0.577	−0.192	−0.173	0.118
가족 기능	의사소통	−1.163#	−0.252	0.676	−0.042	−0.045	0.139
	정서적 관여	0.208	0.042	0.633	−0.008	−0.008	0.130
	문제 해결	1.152	0.253	0.886	0.128	0.137	0.182
상수		8.345			2.976		
R^2		0.090			0.085		
F		1.825#			1.707		

# $p<0.1$ * $p<0.05$ ** $p<0.01$ *** $p<0.001$

> 가설 4. 학대의 사회, 문화적 위험요인은 학대피해영역에 영향을 미
> 칠 것이다.

가설 4-1. 학대의 사회, 문화적 위험요인은 학대의 신체적 피해영역
에 영향을 미칠 것이다.

사회, 문화적 위험요인은 학대의 신체적 피해영역에 통계적으로 유의
미한 영향을 나타내지 못하였다<표 Ⅳ-44>. 통계적으로 유의미하지는
않으나 부양기대감과 원조요청 여부는 신체화 현상에 유의한 정적 경향
성을 보였다. 즉 부양기대감이 큰 노인과 원조요청을 한 경우의 노인이
신체화 현상이 증가하였다.

친척 접촉회수는 진료회수에 유의미한 경향성을 보였다. 친척 접촉회
수는 년 1-6회를 기준으로 매일 만나는 경우, 월 1-3회 만나는 경우
즉 접촉정도가 높은 경우에 진료회수가 증가하였다. 친척 접촉회수가 증
가할 때 진료회수가 높게 나타나는 현상은 노인의 사회적 관계망이 양
호할수록 학대 후 의료처치가 증가될 수 있음을 시사한다. 따라서 <가
설 4-1>은 기각되었다.

<표 Ⅳ-44> 사회, 문화적 위험요인이 신체적 피해영역에 미치는 영향

변 수	신체화			진료회수		
	B	β	S. E.	B	β	S. E.
부양기대	0.227#	0.228	0.103	0.209	0.082	0.281
원조요청	0.315#	0.175	0.186	0.645	0.136	0.514
참여회수1[1]	0.165	0.057	0.377	0.041	0.005	1.029
참여회수2[2]	−0.089	−0.050	0.292	−0.742	−0.159	0.786
단체관련[3]	−0.095	−0.047	0.314	0.137	0.026	0.857
자녀접촉회수1[4]	0.160	0.089	0.232	−0.772	−0.165	0.635
자녀접촉회수2[5]	−0.141	−0.054	0.328	−0.734	−0.112	0.876
자녀접촉회수3[6]	0.221	0.098	0.272	−0.077	−0.013	0.753
친척접촉회수1[7]	−0.221	−0.105	0.224	1.569*	0.281	0.620
친척접촉회수2[8]	−0.368	−0.097	0.428	0.106	0.011	1.124
친척접촉회수3[9]	−0.079	−0.032	0.262	0.927#	0.146	0.688
상수	2.357			0.658		
R^2	0.145			0.152		
F	1.384			1.335		

# $p<0.1$ * $p<0.05$ ** $p<0.01$ *** $p<0.001$
주) (1) 참여회수1: 년 1-3회 기준으로 매일, 주 1-3회 (2) 참여회수2: 월 1-3회의 경우
　　(4) 자녀접촉회수1: 년 1-6회를 기준으로 매일 (5) 주 1-3회 (6) 월 1-3회
　　(7) 친척접촉회수1: 년 1-6회를 기준으로 매일 (8) 주 1-3회 (9) 월 1-3회

가설 4-2. 학대의 사회, 문화적 위험요인은 학대의 심리적 피해영역
　　　　에 영향을 미칠 것이다.

심리적 피해영역의 하위요인인 우울 및 불안에 영향을 미치는 요인은
부양기대감과 단체 참여회수로 조사되었다<표 Ⅳ-45>. 부양기대감은
우울 및 불안에 정적영향을 주었다. 즉 노인의 자녀에 대한 부양기대감
이 클수록 학대 후 우울 및 불안 증상이 증가하였다. 다음, 단체 참여회
수는 년 1-3회를 기준으로 매일 만나거나 주 1-3회 만나는 경우 즉
단체 참여회수가 증가하는 경우에 우울 및 불안이 감소하였다. 즉 단체

참여 회수가 증가하면 우울 및 불안이 감소되었다. 이는 노인의 사회적 관계가 감소되면 우울 및 불안 등 노인의 디스트레스가 증가하며, 사회적 지원과 대처가 노인의 학대 후 심리적 디스트레스를 감소시킨다는 연구결과(Comijs et al, 1999)와 일치한다. 사회, 문화적 위험요인이 우울 및 불안에 미치는 영향에 대한 전체 설명력은 26.3%로 나타났다.

사회, 문화적 위험요인의 공포에 대한 영향은 통계적으로 유의미하게 나타나지 않았다. 분석 결과 <가설 4-2>는 부분적으로 지지되었다.

<표 Ⅳ-45> 사회, 문화적 위험요인이 심리적 피해영역에 미치는 영향

변 수	우울 및 불안			공 포		
	B	β	S. E.	B	β	S. E.
부양기대	0.311***	0.346	0.087	0.150	0.128	0.125
원조요청	0.085	0.052	0.156	−0.038	−0.018	0.225
참여회수1[(1)]	−0.412#	−0.158	0.317	−0.713	−0.210	0.457
참여회수2[(2)]	−0.413	−0.256	0.245	−0.444	−0.210	0.353
단체관련[(3)]	−0.123	−0.068	0.263	−0.030	−0.013	0.380
자녀접촉회수1[(4)]	0.141	0.086	0.195	0.215	0.101	0.280
자녀접촉회수2[(5)]	−0.308	−0.131	0.275	−0.151	−0.049	0.397
자녀접촉회수3[(6)]	0.077	0.038	0.228	0.202	0.076	0.329
친척접촉회수1[(7)]	−0.123	−0.065	0.188	0.005	0.002	0.271
친척접촉회수2[(8)]	0.574	0.167	0.360	0.660	0.147	0.519
친척접촉회수3[(9)]	0.042	0.018	0.220	−0.025	−0.008	0.317
상수	2.006			1.792		
R^2	0.263			0.101		
F	2.917**			0.918		

# $p<0.1$ * $p<0.05$ ** $p<0.01$ *** $p<0.001$
주) (1) 참여회수1: 년 1-3회 기준으로 매일, 주 1-3회 (2) 참여회수2: 월 1-3회의 경우
(4) 자녀접촉회수1: 년 1-6회를 기준으로 매일 (5) 주 1-3회 (6) 월 1-3회
(7) 친척접촉회수1: 년 1-6회를 기준으로 매일 (8) 주 1-3회 (9) 월 1-3회

가설 4-3. 학대의 사회, 문화적 위험요인들은 학대의 행동적 피해영
역에 영향을 미칠 것이다.

행동적 피해의 하위영역인 적대행동에 통계적으로 유의미한 영향을
주는 요인은 부양기대감, 단체 관련여부, 단체 참여회수로 조사되었다
<표 Ⅳ-46>. 첫째, 부양기대감은 적대행동에 정적영향을 나타내, 노인
의 자녀에 대한 부양기대감이 커지면 학대 후 적대행동 반응이 증가하
였다. 둘째, 단체 관련여부는 단체 관련을 하는 경우의 노인이 단체나
모임에 관련하지 않는 노인보다 적대행동이 증가하였다. 셋째, 단체 참
여회수는 년 1-3회를 기준으로 월 1-3회 참여시 즉 참여회수가 증가
할수록 적대행동이 감소하였다. 즉 자녀에 대한 부양기대감이 높을수록,
단체 관련을 하는 노인의 경우, 단체 참여회수가 증가하면 학대 후 노인
의 적대행동은 증가하였다. 사회, 문화적 위험요인의 적대행동에 대한
설명력은 18.8%로 나타났다.

통계적으로 유의미하지는 않으나 부양기대감은 자살욕구에 유의미한
경향성을 보였다. 즉 자녀에 대해 높은 부양기대감을 가진 노인이 학대
후 자살욕구가 증가함을 알 수 있다. 자녀에 대한 노인의 부양 기대감은
적대 행동을 증가시키고 자살충동에 영향을 미치는 주요한 변인이다. 그
러므로 <가설 4-3>은 부분적으로 지지되었다.

<표 Ⅳ-46> 사회, 문화적 위험요인이 행동적 피해영역에 미치는 영향

변 수	적대 행동			자살충동		
	B	β	S. E.	B	β	S. E.
부양기대	0.198*	0.259	0.077	0.161*	0.238	0.073
원조요청	0.126	0.091	0.139	-0.096	-0.079	0.123
참여회수1[1]	-0.602	-0.273	0.282	-0.371	-0.192	0.281
참여회수2[2]	-0.659**	-0.481	0.218	-0.229	-0.189	0.223
단체관련[3]	0.511**	0.333	0.234	0.385	0.282	0.238
자녀접촉회수1[4]	-0.005	-0.004	0.173	-0.047	-0.038	0.166
자녀접촉회수2[5]	-0.048	-0.024	0.245	-0.217	-0.125	0.231
자녀접촉회수3[6]	0.279	0.162	0.203	-0.003	-0.002	0.196
친척접촉회수1[7]	0.084	0.052	0.167	0.093	0.066	0.159
친척접촉회수2[8]	0.261	0.090	0.320	0.188	0.074	0.300
친척접촉회수3[9]	-0.053	-0.028	0.195	0.079	0.046	0.185
상수	0.872			0.985		
R^2	0.188			0.101		
F	1.890[#]			0.892		

# $p<0.1$ * $p<0.05$ ** $p<0.01$ *** $p<0.001$
주) (1) 참여회수1: 년 1-3회 기준으로 매일, 주 1-3회 (2) 참여회수2: 월 1-3회의 경우
  (4) 자녀접촉회수1: 년 1-6회를 기준으로 매일 (5) 주 1-3회 (6) 월 1-3회
  (7) 친척접촉회수1: 년 1-6회를 기준으로 매일 (8) 주 1-3회 (9) 월 1-3회

가설 4-4. 학대의 사회, 문화적 위험요인은 학대의 사회적 피해영역
    에 영향을 미칠 것이다.

<표 Ⅳ-47>에서 나타난 바와 같이 사회, 문화적 위험요인은 학대의
사회적 피해영역에 통계적으로 유의미한 영향을 주는 변인이다. 사회회
피에 영향을 주는 사회, 문화적 위험요인은 부양기대감, 원조요청 여부,
친척 접촉회수였다. 부양기대감은 사회회피 증상에 정적 영향을 주었다.
즉 자녀에 대한 부양기대감이 큰 노인이 학대 후 사회회피 현상이 심화
되었다. 다음, 원조요청을 한 경우의 노인이 하지 않은 노인 보다 사회

회피가 증가하였다. 친척 접촉회수는 년 1−6회를 기준으로 매일 친척을 접촉하는 경우에 사회회피 현상이 감소하였다. 즉 친척 접촉회수가 증가하면 사회회피 현상이 감소하였다. 요약하면, 학대 후 노인의 사회회피 증상은 부양기대감이 클수록, 원조요청을 한 노인의 경우에, 친척과 접촉정도가 감소할 때 심화된다. 이는 자녀에게 부양기대감이 큰 노인일수록 학대를 수치스럽게 여기며 노출을 꺼려 사회회피현상이 심화되는 것으로 보이며 원조요청을 한 경우에 노인은 가족의 일이 노출된 것과 자신이 원조를 요청한 사실의 노출이 부정적 영향을 끼쳐 사회회피 현상이 가중되는 것으로 보여진다. 결과적으로 학대의 사회, 문화적 위험요인의 감소는 은폐된 학대의 노출에 효과를 가져 올 수 있다. 사회회피에 대한 설명력은 23.3%로 나타났다.

단체 관련여부 및 단체 참여회수, 친척 접촉회수는 대인 예민성에 유의미한 영향을 주었다. 단체에 관련하고 있는 경우의 노인이 관련하지 않는 경우의 노인보다 대인 예민성이 증가하였다. 단체 관련회수는 년 1−3회를 기준으로 매일, 주 1−3회, 월 1−3회 등 단체 관련회수가 증가할 때 노인의 대인 예민성이 감소하였다. 친척 접촉회수는 년 1−6회를 기준으로 월 1−3회 즉 회수가 증가할 때 대인 예민성이 감소하였다. 즉 노인이 단체에 관련하는 경우, 관련회수가 작을수록, 친척 접촉정도가 감소될수록 대인 예민성은 증가한다. 이런 결과는 사회적 지원이 적절하지 못한 노인이 학대의 사회적 피해가 증가함을 여실히 보여주고 있다. 그러므로 <가설 4−4>는 지지되었다.

<표 Ⅳ-47> 사회, 문화적 위험요인이 사회적 피해영역에 미치는 영향

변 수	사회회피			대인예민		
	B	β	S. E.	B	β	S. E.
부양기대	0.418*	0.095	0.433	0.150	0.164	0.092
원조요청(유)	0.191*	0.024	0.779	0.216	0.131	0.166
참여회수1[1]	−3.484	−0.274	1.579	−1.063**	−0.402	0.337
참여회수2[2]	−3.132	−0.397	1.221	−0.724**	−0.441	0.261
단체관련[3]	−0.339	−0.038	1.314	0.521#	0.283	0.281
자녀접촉회수1[4]	0.297	0.037	0.970	0.131	0.079	0.207
자녀접촉회수2[5]	−0.212	−0.018	1.373	−0.257	−0.108	0.293
자녀접촉회수3[6]	0.383	0.038	1.137	−0.012	−0.006	0.243
친척접촉회수1[7]	−1.022*	−0.110	0.936	−0.101	−0.052	0.200
친척접촉회수2[8]	3.746	0.223	1.794	0.183	0.052	0.383
친척접촉회수3[9]	−1.297	−0.116	1.096	−0.424#	−1.811	0.234
상수	5.115			1.549		
R^2	0.233			0.190		
F	2.481**			1.913*		

# $p<0.1$ * $p<0.05$ ** $p<0.01$ *** $p<0.001$

주) (1) 참여회수1: 년 1−3회 기준으로 매일, 주 1−3회 (2) 참여회수2: 월 1−3회의 경우

(4) 자녀접촉회수1: 년 1−6회를 기준으로 매일 (5) 주 1−3회 (6) 월 1−3회
(7) 친척접촉회수1: 년 1−6회를 기준으로 매일 (8) 주 1−3회 (9) 월 1−3회

3. 학대의 특성과 학대피해영역에 관한 가설

가설 5. 학대의 특성은 학대의 피해영역에 영향을 미칠 것이다.

가설 5−1. 학대의 특성은 학대피해의 신체적 영역에 영향을 미칠 것이다.

학대의 특성 변인 중 신체적 피해영역에 영향을 미치는 요인은 학대유형과 가해자와의 평소관계로 나타났다<표 Ⅳ-48>. 학대의 유형 중 심리

적 학대는 신체화 현상에 정적 영향을 주어 심리적 학대가 커질수록 학대 결과로 노인에게 나타나는 신체화 현상이 증가하였다. 가해자와의 평소관계는 나쁜 편을 기준으로 좋은 편일 때, 보통일 때 즉 노인이 가해자와 관계가 양호할 때 신체화 현상이 심한 것으로 나타났다. 즉 학대의 결과로 발생할 수 있는 피해 노인의 신체화 현상은 심리적 학대가 심한 경우에, 가해자와 평소관계가 원만했던 노인에게 증가되었다. 신체화 현상에 가장 설명력이 큰 학대유형이 심리적 학대로 나타난 결과가 흥미로우며 가해자와 평소관계가 원만했던 노인이 학대 후 신체적 증상이 심화되는 현상은 가해자와의 관계를 위험요인으로 제시하는 많은 선행연구 결과와 일치하고 있다. 신체화 현상에 대한 설명력은 20.3%로 나타났다.

학대의 특성 변인은 진료회수에 대해서는 통계적으로 유의미한 영향력을 보이고 있지 않다. 따라서 <가설 5-1>은 부분적으로 지지되었다.

<표 Ⅳ-48> 학대의 특성이 신체적 피해영역에 미치는 영향

변 수	신체화			진료회수		
	B	β	S. E.	B	β	S. E.
학대기간	−0.001	−0.093	0.001	−0.000	−0.003	0.004
심리학대	0.071*	0.285	0.031	0.001	0.002	0.092
신체학대	−0.003	−0.004	0.079	0.093	0.047	0.232
재정학대	−0.130	−0.160	0.083	0.048	0.022	0.249
방 임	0.115*	0.250	0.050	−0.106	−0.088	0.146
가해자와 평소관계1[1]	0.603#	0.222	0.326	−0.935	−0.134	0.931
가해자와 평소관계2[2]	0.381#	0.214	0.203	−0.859	−0.182	0.596
상수	2.225			2.146		
R^2	0.139			0.045		
F	2.106#			0.566		

# $p<0.1$ * $p<0.05$ ** $p<0.01$ *** $p<0.001$
주) (1) 가해자와 평소관계1: 나쁜 편을 기준으로 좋은 편 (2) 가해자와 평소관계2: 보통

가설 5-2. 학대의 특성은 학대피해의 심리적 영역에 영향을 미칠 것이
다.

학대의 특성 변인들은 학대피해의 심리적 영역에 통계적으로 유의미
한 수준에서 영향을 주는 변인으로 조사되었다<표 Ⅳ-49>. 우울 및
불안에 영향을 미치는 요인은 학대유형과 가해자와 평소관계로 나타났
다. 먼저, 방임을 제외한 모든 학대유형 즉 심리적 학대, 신체적 학대,
재정적 학대는 우울 및 불안에 정적영향을 미치는 요인으로 심리, 신체,
재정적 학대가 증가할수록 학대 후 노인들의 우울 및 불안이 증가하였
다.

다음, 가해자와의 평소관계는 나쁜 편을 기준으로 좋은 편이었을 경우
에 우울 및 불안이 증가하였다. 즉 평소 가해자와 관계가 원만한 노인이
학대를 받았을 경우 우울 및 불안의 정도가 심한 것으로 나타났다. 결국
방임을 제외한 모든 유형의 학대와 가해자와 관계가 원만한 노인이 학
대를 받은 경우 학대 후 우울 및 불안이 증가하는 것을 알 수 있다. 우
울 및 불안에 대한 설명력은 29.9%로 나타났다.

공포에 영향을 주는 변인은 학대유형 중 심리적 학대와 재정적 학대
로 조사되었다. 심리적 학대와 재정적 학대는 양쪽 모두 정적 영향을 미
치는 변인으로 심리적 학대나 재정적 학대가 증가하면 노인의 공포심이
심화된다. 본 연구결과도 학대유형이 노인의 심리적 디스트레스에 미치
는 영향의 차이를 분명히 보여주고 있어 선행연구와 맥락을 같이한다.
학대 후 피해노인의 임상 개입 시 학대유형이나 가해자와의 관계를 사
정하고 이를 근거로 개입한다면 효과적일 것으로 사료된다. <가설 5-
2>는 지지되었다.

<표 Ⅳ-49> 학대의 특성이 심리적 피해영역에 미치는 영향

변 수	우울 및 불안			공포		
	B	β	S. E.	B	β	S. E.
학대기간	0.001	0.045	0.001	0.001	0.079	0.002
심리학대	0.077**	0.338	0.027	0.069$^{\#}$	0.236	0.036
신체학대	0.129$^{\#}$	0.189	0.070	0.133	0.151	0.094
재정학대	0.123$^{\#}$	0.165	0.073	0.172$^{\#}$	0.179	0.098
방 임	0.070	0.166	0.044	0.053	0.099	0.059
가해자와 평소관계1[1]	0.683*	0.273	0.288	0.072	0.023	0.386
가해자와 평소관계2[2]	0.138	0.084	0.179	−0.021	−0.010	0.240
상수		1.653			1.173	
R^2		0.207			0.135	
F		3.389**			2.022$^{\#}$	

# $p<0.1$ * $p<0.05$ ** $p<0.01$ *** $p<0.001$
주) (1) 가해자와 평소관계1: 나쁜 편을 기준으로 좋은 편 (2) 가해자와 평소관계2: 보통

가설 5-3. 학대의 특성은 학대피해의 행동적 영역에 영향을 미칠 것
　　　　 이다.

학대의 특성은 행동적 피해영역에 통계적으로 유의미한 수준에서 영
향을 미치지 못하는 것으로 조사되었다<표 Ⅳ-50>. 단지 통계적으로
유의미한 범위에 근접하는 수준에서 신체적 학대가 자살충동에 영향을
미치는 요인으로 나타났다. 즉 신체적 학대가 심하면 노인의 자살충동이
증대되어 모든 학대 유형 중 신체적 학대가 학대 후 노인의 자살충동에
가장 큰 영향력을 가진 요인으로 판단된다. 본 연구결과 학대피해 노인
들의 자살욕구 정도가 외국의 선행연구에 비해 낮게 나타나고 있으나,
한국 상황에서 자녀에게 신체적 학대를 당한 노인들이 심리적으로 절망
적인 상황에서 죽음의 욕구가 가중된 것으로 판단된다. 학대 사정 시 학
대유형의 사정이 반드시 필요하며 특히 신체적 학대를 당한 노인의 경

142

우에 자살욕구의 사정을 포함하는 위기개입 형태의 접근이 효과적일 것으로 보여진다. <가설 5-3>은 기각되었다.

<표 Ⅳ-50> 학대의 특성이 행동적 피해영역에 미치는 영향

변 수	적대행동			자살충동		
	B	β	S. E.	B	β	S. E.
학대기간	−0.001	−0.103	0.001	0.001	0.118	0.001
심리학대	0.035	0.181	0.024	−0.029	−0.174	0.022
신체학대	0.018	0.031	0.063	0.096#	0.189	0.057
재정학대	0.083	0.132	0.067	0.037	0.064	0.062
방 임	0.000	0.000	0.040	0.003	0.011	0.036
가해자와 평소관계1[1]	0.022	0.010	0.261	−0.018	−0.010	0.250
가해자와 평소관계2[2]	−0.042	−0.031	0.162	−0.011	−0.009	0.148
상수	1.404			1.592		
R^2	0.091			0.061		
F	1.302			0.820		

# $p<0.1$ * $p<0.05$ ** $p<0.01$ *** $p<0.001$
주) (1) 가해자와 평소관계1: 나쁜 편을 기준으로 좋은 편 (2) 가해자와 평소관계2: 보통

가설 5-4. 학대의 특성은 학대피해의 사회적 영역에 영향을 미칠 것이다.

학대피해의 사회적 영역에 영향을 주는 요인은 학대유형으로 나타났다<표 Ⅳ-51>. 학대 유형 중 심리적 학대는 정적 영향을 미쳐 심리적 학대가 증가할수록 대인 예민성이 높아지므로 대인 예민성에 가장 영향력을 미치는 학대유형으로 볼 수 있다. 대인 예민성에 대한 설명력은 20.2%로 나타났다. <가설 5-4>는 부분적으로 지지되었다.

<표 Ⅳ-51> 학대의 특성이 사회적 피해영역에 미치는 영향

변 수	사회회피			대인 예민성		
	B	β	S. E.	B	β	S. E.
학대기간	−0.006	−0.106	0.007	0.000	0.013	0.001
심리학대	0.198	0.181	0.137	0.061*	0.264	0.028
신체학대	0.322	0.098	0.354	0.100	0.143	0.073
재정학대	0.270	0.075	0.373	0.106	0.138	0.077
방 임	−0.169	−0.083	0.223	0.002	0.004	0.046
가해자와 평소관계1[1]	−0.094	−0.008	1.461	−0.012	−0.005	0.300
가해자와 평소관계2[2]	0.187	0.024	0.910	−0.199	−0.120	0.187
상수	3.400			1.526		
R^2	0.115			0.166		
F	1.681			2.590*		

# $p<0.1$ * $p<0.05$ ** $p<0.01$ *** $p<0.001$
주) (1) 가해자와 평소관계1: 나쁜 편을 기준으로 좋은 편 (2) 가해자와 평소관계2: 보통

4. 학대위험요인, 학대의 특성과 학대피해영역에 관한 가설

> 가설 6. 학대의 위험요인, 학대의 특성은 학대피해영역에 영향을 미
> 칠 것이다.

가설 6-1. 학대의 위험요인은 학대의 특성을 경로로 하여 학대의 피
해영역에 간접적 영향을 미칠 것이다.

가설 6-2. 학대의 위험요인, 학대의 특성은 학대피해영역에 직접적
영향을 미칠 것이다.

본 연구의 <가설 6> 검증은 다음과 같이 두 단계로 실시되었다. 첫
째, 위계적 회귀분석(Hierarchical Regression Analysis)을 통해 학대

의 특성이 매개/조절 변인으로서 기능하는지 일차연구모형을 검증하였다. 둘째, 공변량 분석을 통해 학대의 특성이 매개변인으로서 기능하는 최종연구모형을 검증하였다.

첫째, 위계적 회귀분석에서 학대 위험요인이 영향을 주는 학대피해영역(심리, 사회영역)에 있어 학대의 특성이 매개/조절변인으로서 기능이 부분적으로 검증되었다. 그러나 학대의 특성이 매개변인(mediator)으로 작용하는지 또는 조절변인(moderator)으로 작용하는지는 위계적 중다 회귀분석을 통해서 알기에는 통계적 한계가 있다. 단지 매개변인 또는 조절변인으로 작용한다는 것만이 증명될 수 있다(박광배, 1999). 따라서 공변량 분석을 통한 최종모형의 검증이 필요하였다.

둘째, 공변량 분석을 통한 모형검증을 실시하였다. 학대의 특성을 조절변인으로 모형을 검증해본 결과 모델의 적합도 지수, 경로의 회귀계수들이 전혀 산출되지 않거나 유의미하지 않았다. 그러나 매개 모형(직선/충만 모형)으로 검증해본 결과 모델의 적합도 지수, 경로의 회귀계수들이 상당히 유의미하게 검증되었다. 그러므로 학대의 위험요인, 학대의 특성이 학대피해영역에 직, 간접 영향을 미치는 매개 모형으로 최종 확정되었다.

(1) 위계적 회귀분석

회귀과정의 만족여부를 파악하기 위하여 VIF(Variance Inflation Factor: 분산증대요소) 계수와 DW(Durbin Watson)계수를 조사하였다. VIF계수가 5보다 작고 DW계수도 1.58－2.07 범위에 있어 다중공선성 문제는 없는 것으로 판단된다.

위계적 회귀분석을 실시한 결과는 다음과 같다. 첫째, 신체영역에서는 개인위험요인이 통계적으로 유의미하게 영향을 주었다<표 Ⅳ-52>. 즉 개인적 위험요인이 분류된 독립변인 중 가장 높은 설명력(13.8%)을 보여주었고 신체기능 요인이 유의한 효과($\beta = -.311$)를 가지는 것으로 나타났다. 그러나 학대의 특성이 통계적으로 유의미한 수준에서 매개/조절 효과를 나타내지 못하였다.

다음, 학대피해의 심리영역에서는 개인위험요인이 통계적으로 유의미하게 영향을 주었다<표 Ⅳ-53>. 즉 개인적 위험요인이 분류된 독립변인 중 가장 높은 설명력(22.9%)을 보여주었고 인지기능 요인이 유의한 효과($\beta = -.448$)를 가지는 것으로 나타났다. 또한 학대의 특성도 통계적으로 유의미한 수준에서 매개/조절 효과를 나타냈다($\Delta R^2 = .163$, $p < .05$).

146

<표 Ⅳ-52> 신체적 피해영역에 대한 회귀분석 　　　　(N=102)

종속변인	신체영역(Durbin-Watson: 1.685)					
독립변인	B	β	t(SE)	설명량 (R²)	설명량 변화 (ΔR²)	F변화량
(개인위험요인)						
신체기능	-1.256*	-.311	1.517(.525)	.138	.138	2.150*
인지기능	-.818	-.132	-1.056(.774)			
성 별	1.303	.119	.901(1.445)			
연 령	-.034	-.056	-.487(.072)			
교육정도	.052	.014	.105(.499)			
경제상태	.387	.107	.807(.480)			
자녀수	.099	.042	.367(.265)			
(가족위험요인)						
가족결속력	-.229	-.036	-.222(1.030)	.175	.037	.798
의사소통	-.233	-.044	-.279(.834)			
정서교류	1.013	.181	1.423(.712)			
문제해결	-.283	-.054	-.257(1.099)			
자녀관계 만족도	-.944	-.155	-1.222(.772)			
(사회, 문화위험요인)						
부양기대감	.385	.078	.637(.604)	.225	.050	.896
원조요청 여부	2.00	.224	1.945(1.028)			
단체/모임참여 여부	-1.66	.094	-.790(2.104)			
단체/모임참여 정도	.402	-.167	.457(.879)			
자녀접촉정도	.352	.106	.896(.393)			
친, 인척 접촉정도	-.277	.090	-.794(.349)			
(학대의 특성)						
학대기간	-.078	-.095	-.824(.095)	.293	.086	1.228
신체학대	.236	.066	.584(.236)			
심리학대	-.171	-.136	-.942(.181)			
재정학대	.924	-.226	-2.082(.444)			
방 임	-.376	-.164	-1.274(.295)			
가해자와 평소관계	-.132	-.022	-.185(.714)			
상 수	10.149					

＋ p<.09　＊ p<.05　＊＊ p<.01

<표 Ⅳ-53> 심리적 피해영역에 대한 회귀분석   (N=102)

종속변인 독립변인	심리영역(Durbin-Watson: 1.598)					
	B	β	t(SE)	설명량 (R^2)	설명량 변화 (ΔR^2)	F변화량
(개인위험요인)						
신체기능	−.0118	−.016	−.158(.075)			
인지기능	−.384**	−.448	−3.458(.111)			
성 별	.018	.009	.089(.207)			
연 령	−.0089	−.081	−.872(.010)	.229	.229	3.990**
교육정도	.075	.117	1.055(.072)			
경제상태	.047	.074	.696(.069)			
자녀수	.062	.148	1.635(.038)			
(가족위험요인)						
가족결속력	−.185	−.162	−1.255(1.148)			
의사소통	−.0612	−.065	−.511(.120)			
정서교류	−.081	−.081	−.797(.102)	.303	.074	1.888
문제해결	.204	.220	1.292(.158)			
자녀관계 만족도	−.028	−.027	−.261(.111)			
(사회, 문화위험요인)						
부양기대감	.238**	.267	2.720(.087)			
원조요청 여부	−.051	−.032	−.348(.148)			
단체/모임참여 여부	−.136*	.322	−.452(.302)	.380	.077	1.726
단체/모임참여 정도	.244	−.077	1.933(.126)			
자녀접촉정도	−.0059	−.010	−.105(.056)			
친, 인척 접촉정도	−.023	−.042	−.466(.050)			
(학대의 특성)						
학대기간	.0108	.074	.792(.014)			
신체학대	.181**	.283	3.115(.058)			
심리학대	.039	.175	1.509(.026)	.543	.163	4.578** *
재정학대	.143*	.197	2.251(.064)			
방 임	.061	.150	1.450(.042)			
가해자와 평소관계	−.201*	−.190	−1.950(.102)			
상 수	2.852					

+ p<.09 * p<.05 ** p<.01

셋째, 학대피해의 행동영역에서는 개인위험요인이 통계적으로 유의미하게 영향을 주었다<표 Ⅳ-54>. 즉 개인적 위험요인이 분류된 독립변인 중 가장 높은 설명력(26.2%)을 보여주었고 인지기능 요인이 유의한 효과(β=−.514)를 가지는 것으로 나타났다. 그러나 학대의 특성이 통계적으로 유의미하게 매개/조절 효과를 나타내지 못하였다. 마지막으로, 학대피해의 사회영역에서는 가족위험요인과 사회문화위험요인이 통계적으로 유의미하게 영향을 주었다<표 Ⅳ-55>. 가족위험요인은 9.5%의 설명력을 보였고 가족 결속력(β=−.256)과 가족기능 중 의사소통(β=−.287), 문제해결(β=.438) 기능이 통계적으로 유의미한 영향을 주었다. 사회위험요인은 11.7%의 설명력을 보였고 단체/모임참여정도(β=.570)가 유의한 영향을 보였다. 또한 학대의 특성도 유의미하게 매개/조절 효과를 나타냈다(ΔR^2=.090, p<.09). 그러므로 위계적 회귀분석의 결과 개인적 위험요인, 가족위험요인, 사회문화위험요인이 학대의 피해영역에 유의미한 영향을 주었고, 학대의 특성은 심리, 사회적 피해영역에서 공통적으로 매개/조절변인으로서 효과를 나타냈다.

학대의 특성의 학대피해영역에서의 매개/조절 변인으로의 효과검증은 본 연구에서 상당한 의미를 갖는다. 이는 학대의 위험요인이 학대의 특성을 매개/조절변인으로 하여 학대피해영역에 영향을 미친다는 선행연구결과(Anetzberger, 1997)와 부합하며 학대위험요인이 학대의 특성의 매개/조절 효과에 의하여 결과적으로 학대노인의 피해영역에 미치는 영향이 달라지게 되는 것을 의미한다. 특히 심리, 사회적 피해영역에서 학대의 특성의 매개/조절 효과에 따라 위험요인이 다른 피해를 가져온다는 결과는 학대문제에 대한 사회복지적 개입의 시사점을 제공한다. 학대피해노인들의 심리, 사회적 피해를 감소시키고 복지를 증진시키기 위한 함의 제공의 근거가 된다.

<표 Ⅳ-54> 행동적 피해영역에 대한 회귀분석   (N=102)

종속변인 독립변인	행동영역(Durbin-Watson: 2.075)					
	B	β	t(SE)	설명량 (R^2)	설명량 변화 (ΔR^2)	F변화량
(개인위험요인)						
신체기능	.116	.073	.614(.189)	.262	.262	4.755**
인지기능	-1.243++	-.514	-4.462(.279)			
성 별	-.691	-.161	-1.329(.520)			
연 령	-.0203	-.084	-.790(.026)			
교육정도	.103	.072	.571(.180)			
경제상태	.295+	.208	1.706(.173)			
자녀수	.108	.117	1.136(.095)			
(가족위험요인)						
가족결속력	-.412	-.164	-1.111(.371)	.304	.042	1.081
의사소통	-.007	-.004	-.024(.300)			
정서교류	-.120	-.055	-.467(.256)			
문제해결	.106	.052	.268(.395)			
자녀관계 만족도	-.151	-.064	-.543(.278)			
(사회, 문화위험요인)						
부양기대감	.384+	.198	1.766(.217)	.368	.064	1.402
원조요청 여부	-.031	-.009	-.086(.370)			
단체/모임참여 여부	-1.583+	-.407	-2.091(.757)			
단체/모임참여 정도	.593+	.357	1.874(.316)			
자녀접촉정도	.175	.134	1.237(.141)			
친, 인척 접촉정도	-.059	-.049	-.471(.126)			
(학대의 특성)						
학대기간	-.0080	-.025	-.235(.034)	.402	.034	.728
신체학대	.242+	.173	1.668(.145)			
심리학대	-.014	-.030	-.222(.065)			
재정학대	.077	.049	.485(.160)			
방 임	.052	.059	.497(.106)			
가해자와 평소관계	-.204	-.088	-.794(.257)			
상 수	9.307					

+ p<.09 * p<.05 ** p<.01

150

<표 IV-55> 사회적 피해영역에 대한 회귀분석 　　　　　(N=102)

종속변인 / 독립변인	사회영역(Durbin-Watson: 1.638)					
	B	β	t(SE)	설명량 (R²)	설명량 변화 (ΔR²)	F변화량
(개인위험요인)						
신체기능	1.477	.127	1.066(1.357)	.103	.103	1.542
인지기능	−4.816*	−.277	−2.407(2.001)			
성 별	1.280	.041	.343(3.734)			
연 령	−.0586	−.034	−.316(.185)			
교육정도	.215	.021	.167(1.289)			
경제상태	3.015*	.295	2.431(1.241)			
자녀수	.0828	.013	.121(.684)			
(가족위험요인)						
가족결속력	−4.625+	−.256	−1.783(2.662)	.198	.095	2.101+
의사소통	−4.247*	−.287	−1.917(2.154)			
정서교류	−1.052	−.067	−.572(1.838)			
문제해결	6.403*	.438	2.255(6.403)			
자녀관계 만족도	−.198	−.012	−.099(−.198)			
(사회, 문화위험요인)						
부양기대감	2.575	.185	1.650(1.561)	.315	.117	2.368*
원조요청 여부	.651	.026	.245(2.656)			
단체/모임참여 여부	−8.761	−.313	−1.611(5.437)			
단체/모임참여 정도	6.818**	.570	3.001(2.272)			
자녀접촉정도	−.284	−.030	−.279(1.016)			
친, 인척 접촉정도	.402	.046	.445(.903)			
(학대의 특성)						
학대기간	−.175	−.075	−.711(.246)	.405	.090	1.935+
신체학대	1.911+	.190	1.832(1.043)			
심리학대	.545	.155	1.165(.468)			
재정학대	1.069	.093	.932(1.147)			
방 임	.489	.076	.642(.762)			
가해자와 평소관계	1.246	.075	.675(1.845)			
상 수	1.575					

+ p<.09　* p<.05　** p<.01

(2) 학대의 특성의 매개/조절 효과의 검증

학대 특성이 매개/조절 작용 중 어떤 작용이 유의미한지, 영향을 주는 경로를 정확하게 알아보기 위해서는 공변량 분석을 통한 관계구조검증이 필요하였다. 공변량 분석을 통한 모형검증결과는 다음과 같다.

첫째, 학대의 특성의 조절변인으로서의 효과를 검증하였다. 그 결과 통계적으로 유의미한 수준에서 모형이 검증되지 않았다. 학대특성의 조절변인 효과의 이론적 구조의 경로는 <부록 1>에 제시되어 있다.

둘째, 학대의 특성의 매개변인으로서의 효과를 검증하기 위해 직선적 매개 모형(학대의 위험요인이 학대피해영역에 주는 직접적 영향을 가정하지 않음: 간접영향)을 검증하였다.

셋째, 학대의 특성의 매개변인으로서의 효과를 검증하기 위해 충만 매개 모형(학대의 위험요인이 학대피해영역에 주는 직접적 영향을 가정함: 직접영향)을 검증하였다.

본 연구모형의 적합도 검증에 활용한 지수해석을 설명하면 다음과 같다.
첫째, X2 검증은 모형의 적합도를 판단하기 위해 구조방정식이 개발된 초기에 가장 많이 쓰였던 방법이다. 그러나 영가설의 내용이 너무 엄격하고, 표본크기의 영향을 너무 많이 받아 동일한 모형도 표본크기에 따라 기각될 수도 있고 그렇지 않을 수도 있으므로 현재 X2 검증은 더 이상 널리 쓰이지 않으며, 대신 적합도 지수(fit index)가 주로 이용된다. 둘째, 상대적 적합도 지수(relative fit index)는 최악의 모형에 비해 이론모형이 얼마나 자료를 잘 설명하는가를 보여주는 값이다. 대표적인 상대적 적합도 지수는 NFI, NNFI, CFI 등이다. NFI, NNFI, CFI 값은 높을수록 좋은 모형이며, 0.9이상이면 적합도는 좋다. 셋째, 절대적 적합도 지수(absolute fit index)는 이론모형의 적합도를 다른 모형(예, 기저모형)의 적합도와 비교해 상대적으로 평가하지 않고, 이론모형의 자료와 얼마나 잘 부합되는지를 절대적으로 평가한다. 대표적인 절대적 적합도 지수는 GFI, AGFI, RMSEA이다. GFI와 AGFI는 구조방정식의 초기에 쓰이던 지수로서, 표본크기의 영향을 많이 받으므로 80년대 이후로 그 사용이 감소되고 있다. RMSEA는 90년대 이후에 많이 쓰이고 있는 지표로서, 신뢰구간설정이 가능하고 적합도의 수준을 고려하여 해석할 수 있는 장점이 있어 임상논문에서 최근에 많이 쓰이고 있다. RMSEA<.05이면 좋은 적합도(close fit), RMSEA<.08이면 괜찮은 적합도(reasonable fit), RMSEA<.10이면 보통 적합도(medicore fit), RMSEA>.10이면 나쁜 적합도(unacceptable fit)를 나타낸다(홍세희, 2000; Browne & Cudeck, 1993).

본 연구에서는 표본의 크기가 상대적으로 작고(n=102), 모형의 적합도 검증을 위한 경로수가 상대적으로 많아 표본크기의 영향을 많이 받는 GFI나 AGFI 지수는 모형검증을 위하여 적합하지 않았다. 그러므로 비교적 표본크기의 영향을 덜 받고, 신뢰구간과 모델적합도의 해석이 용이해 최근 많이 쓰이고 있는 RMSEA를 중심으로 모형의 절대적 적합도를 검증하였다. 따라서 본 연구에서는 NFI, NNFI, CFI, RMSEA등을 중심으로 모형의 적합도를 검증하였다.

① 직선적 매개 모형의 검증

직선적 매개 모형의 경우 모델의 적합성이 비교적 자료에 부합하였다.

즉 $x^2=554.947$, p=.00이었으나, NFI=.917, NNFI=.955, CFI=.962, RMSEA=.086으로 모델의 적합성이 비교적 지지되었다<표 Ⅳ-56>. 또한 경로계수의 경우, 학대의 위험요인 중 개인위험요인에서 학대의 특성으로 영향을 주는 경로, 가족위험요인에서 학대의 특성으로 영향을 주는 경로는 유의미하였고, 사회위험요인에서 학대의 특성으로 영향을 주는 경로는 유의미한 경향을 보였다. 학대의 특성에서 학대피해영역으로 영향을 주는 경로도 유의미하였다<그림 Ⅳ-1>, <그림 Ⅳ-2>, <표 Ⅳ-57>. 그러므로 직선적 매개모델 검증에서 학대의 특성의 매개변인 효과가 지지되었다. <가설 6-1>은 지지되었다.

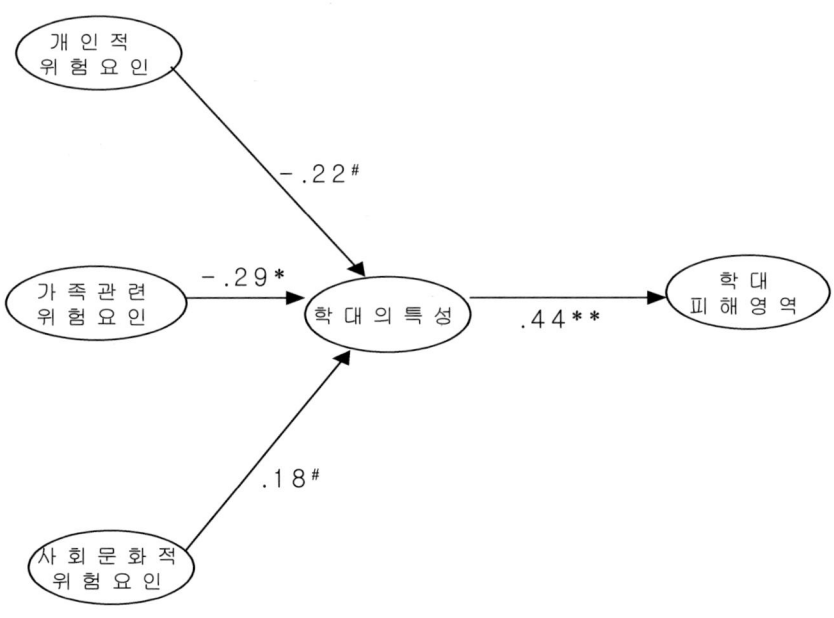

# p<0.1   * p<0.05   ** p<0.01   *** p<0.001

<그림 Ⅳ-1> 직선적 매개 모형 1(이론모형만 표시)

154

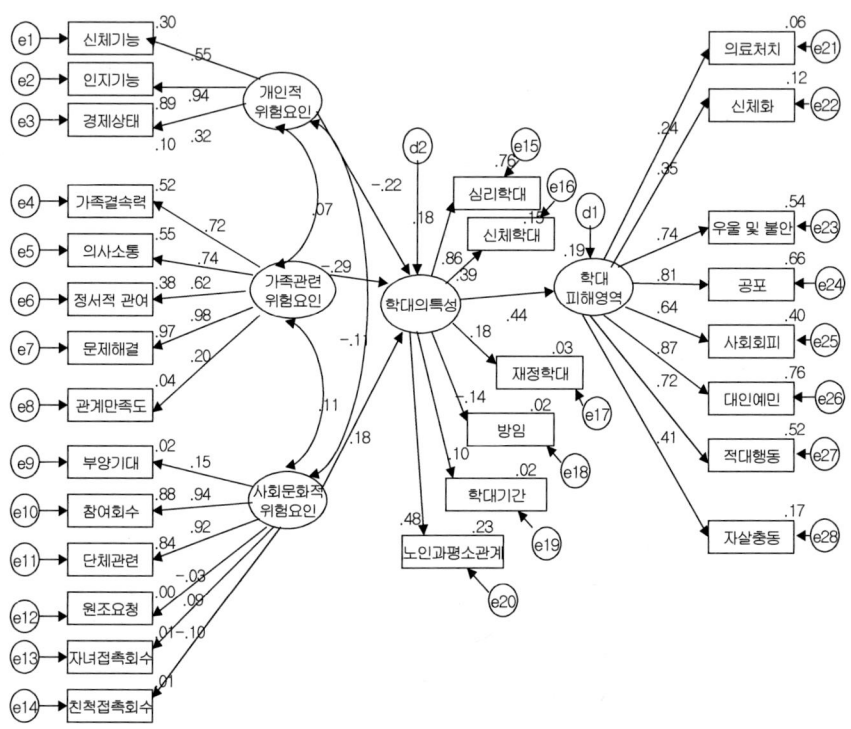

<그림 Ⅳ-2> 직선적 매개 모형 2

<표 Ⅳ-56> 직선 매개 모형 적합도

χ^2	df	p	CFI	NFI	NNFI	RMSEA	RMSEALO	RMSEAHI
554.947	317	.000	0.962	0.917	0.955	0.086	0.074	0.098

<표 Ⅳ-57> 직선 매개 모형의 경로계수 유의도 검증

구 분	비표준화계수	표준오차	통계량	표준화계수
가족위험요인⇒학대특성	−1.732	0.678	−2.557	−0.291*
개인위험요인⇒학대특성	−1.138	0.600	−1.896	−0.224#
사회문화위험⇒학대특성	1.375	0.841	1.635	0.184#
학대특성⇒학대피해영역	0.123	0.039	3.151	0.438**
개인위험요인⇒신체기능	1.000			0.547**
개인위험요인⇒인지기능	1.128	0.435	2.591	0.944*
가족위험요인⇒가족결속력	1.000			0.723**
가족위험요인⇒의사소통	1.254	0.170	7.395	0.744***
가족위험요인⇒정서적 관여	0.968	0.159	6.097	0.617***
가족위험요인⇒문제해결	1.685	0.194	8.672	0.983***
가족위험요인⇒관계 만족도	0.290	0.146	1.991	0.204*
사회문화위험⇒부양기대	0.332	0.226	1.467	0.151
사회문화위험⇒참여회수	2.404	0.455	5.280	0.940***
사회문화위험⇒단체관련	1.000			0.915**
학대특성⇒심리학대	1.000			0.861**
학대특성⇒신체학대	0.157	0.051	3.073	0.387**
학대특성⇒재정학대	0.065	0.041	1.599	0.184
학대특성⇒방임	−0.090	0.072	−1.256	−0.143
학대본질⇒노인과 평소관계	0.118	0.033	3.558	0.478***
학대피해영역⇒공포	1.000			0.810**
학대피해영역⇒사회회피	2.936	0.444	6.611	0.635***
학대피해영역⇒대인예민	0.839	0.086	9.728	0.874***
학대피해영역⇒우울 및 불안	0.695	0.088	7.899	0.735***
사회문화위험⇒원조요청	−0.036	0.126	−0.288	−0.030
사회문화위험⇒자녀접촉	0.308	0.337	0.915	0.094
사회문화위험⇒친척접촉	−0.361	0.363	−0.996	−0.103
학대피해영역⇒의료처치	0.116	0.051	2.283	0.237*
학대피해영역⇒신체화	0.366	0.107	3.423	0.351**
학대피해영역⇒적대행동	0.576	0.075	7.683	0.719***
학대피해영역⇒자살충동	0.291	0.074	3.955	0.407***
개인위험요인⇒경제상태	0.658	0.229	2.875	0.323**

# p<0.1   * p<0.05   ** p<0.01   *** p<0.001

② 충만 매개 모형의 검증

충만 모형의 경우 모델의 적합성이 비교적 자료에 부합하였다. 즉 $x^2=$ 533.623, p=.00이었으나, NFI=.921, NNFI=.958, CFI=.965, RMSEA =.083으로 모델의 적합성이 비교적 지지되었다<표 IV-58>. 또한 경로 계수의 경우 학대의 위험요인 중 개인위험요인에서 학대의 특성으로 영향을 주는 경로, 가족위험요인에서 학대의 특성으로 영향을 주는 경로는 유의미한 경향을 보였다. 그러나 사회위험요인에서 학대의 특성으로 영향을 주는 경로는 유의미하거나 유의미한 경향을 보이지 않았다. 학대의 특성에서 학대피해영역으로 영향을 주는 경로는 유의미하였다<그림 IV-3>, <그림 IV-4>, <표 IV-59>. 이는 개인적 위험요인, 사회문화적 위험요인의 직접효과를 가정하고도 학대위험요인이 학대의 특성을 경로로 하여 학대피해영역에 영향력을 보임을 입증한다. 그러나 개인적, 사회문화적 위험요인의 직접효과가 크게 나타나는 경향을 볼 때 학대의 특성요인의 매개효과뿐 아니라 직접효과도 고려되어야 한다. 그러므로 충만 매개 모형에서는 학대의 특성의 매개효과가 부분적으로 지지되었다. <가설 6-2>는 부분적으로 지지되었다.

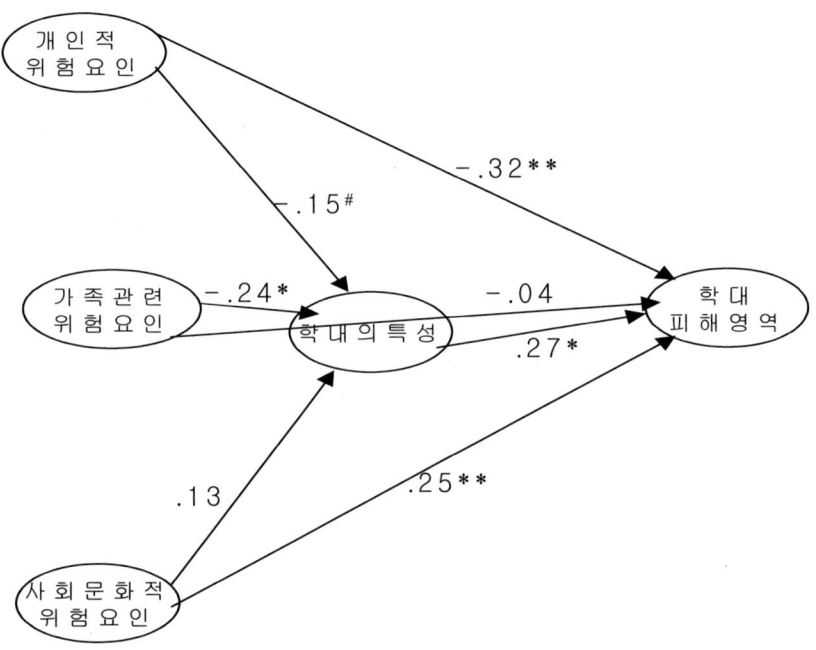

# p<0.1   * p<0.05   ** p<0.01   *** p<0.001

<그림 Ⅳ-3> 충만 매개 모형 1(이론모형만 표시)

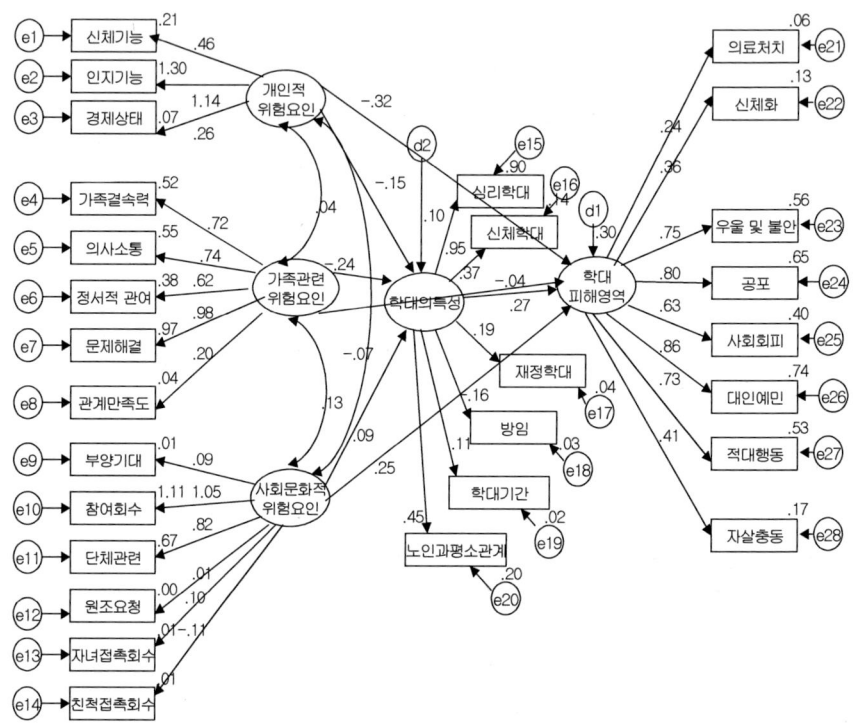

<그림 Ⅳ-4> 충만 매개 모형 2

<표 Ⅳ-58> 충만 매개 모형 적합도

χ^2	df	p	CFI	NFI	NNFI	RMSEA	RMSEALO	RMSEAHI
533.623	314	.000	0.965	0.921	0.958	0.083	0.071	0.095

<표 Ⅳ-59> 충만 매개 모형의 경로계수 유의도 검증

구 분	비표준화계수	표준오차	통계량	표준화계수
가족위험요인⇒학대특성	−1.570	0.696	−2.258	−0.239*
개인위험요인⇒학대특성	−0.993	0.607	−1.635	−0.148#
사회문화위험⇒학대특성	1.246	0.874	1.425	0.135
학대특성⇒학대피해영역	0.069	0.032	2.140	0.272*
개인위험요인⇒학대피해영역	−0.543	0.169	−3.212	−0.322**
가족위험요임⇒학대피해영역	−0.069	0.161	−0.430	−0.042
사회문화위험⇒학대피해영역	0.571	0.209	2.735	0.245**
개인위험요인⇒신체기능	1.000			0.457**
개인위험요인⇒인지기능	1.628	0.648	2.513	1.139*
가족위험요인⇒가족결속력	1.000			0.722**
가족위험요인⇒의사소통	1.254	0.170	7.380	0.744***
가족위험요인⇒정서적 관여	0.969	0.159	6.083	0.616***
가족위험요인⇒문제해결	1.686	0.195	8.628	0.984***
가족위험요인⇒관계 만족도	0.292	0.146	2.000	0.205*
사회문화위험⇒부양기대	0.214	0.229	0.934	0.087
사회문화위험⇒참여회수	3.022	0.542	5.571	1.054***
사회문화위험⇒단체관련	1.000			0.816**
학대특성⇒심리학대	1.000			0.951**
학대특성⇒신체학대	0.136	0.049	2.756	0.370**
학대특성⇒재정학대	0.061	0.036	1.672	0.188#
학대특성⇒방임	−0.092	0.063	−1.460	−0.161
학대특성⇒노인과 평소관계	0.100	0.033	3.047	0.447**
학대피해영역⇒공포	1.000			0.804**
학대피해영역⇒사회회피	2.945	0.450	6.548	0.633***
학대피해영역⇒대인예민	0.835	0.088	9.538	0.863***
학대피해영역⇒우울 및 불안	0.714	0.089	8.037	0.749***
사회문화위험⇒원조요청	0.013	0.127	0.101	0.009
사회문화위험⇒자녀접촉회수	0.379	0.340	1.114	0.104
사회문화위험⇒친척접촉회수	−0.434	0.366	−1.184	−0.110
학대피해영역⇒의료처치	0.117	0.051	2.290	0.238*
학대피해영역⇒신체화	0.375	0.108	3.474	0.356**
학대피해영역⇒적대행동	0.588	0.076	7.768	0.729***
학대피해영역⇒자살충동	0.295	0.074	3.981	0.410***
개인위험요인⇒경제상태	0.633	0.230	2.751	0.260**

# p<0.1   * p<0.05   ** p<0.01   *** p<0.001

V. 결론 및 제언

본 연구는 한국 상황에서 나타난 학대 실태파악을 기반으로, 실제적인 노인학대 위험요인 및 학대의 특성이 학대의 결과로 나타나는 제반 피해영역에 미치는 역동적 영향을 파악하였다. 또한 이 요인들이 어떤 경로를 거쳐 학대피해에 영향을 미치는가의 검증을 목적으로 하였다. 이를 위해 실제 학대피해를 받은 노인 102명을 대상으로 연구결과를 도출하였다. 결론 및 제언에서는 분석결과를 요약하고 이를 기반으로 함의를 논하고자 한다.

A. 연구결과 요약

연구결과는 학대의 실태, 연구대상의 특성에 따른 측정변인의 차이, 연구변인 간의 상관관계, 가설검증으로 나누어 요약하였다.

1. 학대의 실태

1) 학대 관련 위험요인

(1) 개인적 위험요인

본 연구에서 나타난 조사대상노인의 일반적 특성은 다음과 같다. 성별 분포는 여자노인이 81명으로 79.4%, 남자노인이 21명 20.6%로 여성노인의 수가 높게 나타났다. 대상노인의 평균연령은 76세(남자 76.2, 여자 76.7)였다. 교육정도는 무학 39.2%, 국졸 36.3%로 국졸이하의 학력이 높았다. 전체 노인의 83.3%가 종교를 가진 것으로 조사되었고 기독교 (44.1%)가 가장 많았다. 경제상태는 자녀에게 전혀 의존하지 않음이 68.6%로 노인의 자녀에 대한 경제적 의존도는 낮게 나타났다. 가구 소유현황을 보면 본인소유 29.4%, 국가소유 24.5%, 타인 16.7% 순으로 학대 후 가족의 주택에 거주하는 비율은 저조하였다. 주 수입원은 국가보조 41.2%, 자녀보조 25.5%, 저축 및 증권 12.7% 순으로 외부지원에 생계를 의존하고 있다. 현 주소지 거주 기간을 보면 평균거주기간이 49개월로 1-3년 36.3%, 1년 미만 19.6%로 최근 3년 미만에 거주지를 이전한 비율이 높아 학대 후 거주지 이전이 파악되었다.

학대피해노인들의 자녀수는 1-2명 46.1%, 3-4명 35.2%로 일반노인의 자녀수(평균 4.6명)보다 적은 것으로 조사되고 현재 동거가족 현황은 없음이 64.7%로 가장 높고 평균 동거가족수가 1명 미만으로 거의 동거가족이 없는 독거노인들로 분석된다. 현재 노인들이 가지고 있는 질병분포는 고혈압, 관절염, 신경통 순으로 일반노인과 비슷하나 일인당 평균 2.13개의 질병을 호소하고 있다.

대상노인의 신체적 기능수준을 보면, 5점 척도를 기준으로 표준화 시켰을 때 신체기능은 평균 3.67, 인지적 기능은 4.35로 기능적 의존도는 낮은 것으로 나타나고 있다.

(2) 가족 관련 위험요인

조사대상자들의 가족결속력 수준 평균값(2.81)은 그저 그렇다(3점)에 가까운 수준이었다. 가족기능 하위요인 수준은 정서반응 평균값(2.50)이 가장 낮았고 의사소통이 가장 높았으나(2.72) 전반적으로 고르게 나타났다. 관계 만족도 수준의 평균값(2.23)은 별로 만족하지 않는다(2점)에 가까워 일반노인 연구결과에 비해 낮은 만족도를 보였다.

학대 후 가족해체 및 분리 현상이 뚜렷이 나타났다. 학대 후 가해자와 동거상황은 가족과 따로 살고 있는 경우(86.3%)가 가장 높게 나타나 학대발생 후 가해가족과의 분리 현상을 드러냈다. 학대피해노인들이 학대 후 거주지를 이전한 비율(67.6%) 역시 높게 나타났다. 주거장소의 변화는 쉼터나 시설에 입소(36.3%)가 가장 많았고 단독가구로 이주(26.5%) 순으로 나타났다.

(3) 사회, 문화적 위험요인

조사대상 노인은 94.1%가 비동거 자녀가 있었으며 평균자녀수는 아들 1.44명, 딸 1.28명으로 나타났다. 비동거 자녀와의 접촉회수는 전혀 접촉 없음(44.1%)이 가장 높았다. 친, 인척 접촉정도 역시 전혀 접촉 없음 (23.5%)이 가장 높아 낮은 사회적 지지를 보였다. 대상노인들의 단체/모임 관련 상황은, 현재 관련하고 있는 노인들이 72.5%로 높게 나타나 자녀나 인, 친척 접촉 정도가 낮은 것과 대조를 보였다. 관련 단체/모임의 종류는 종교단체(91.9%)가 가장 많았고 참여회수는 월 1-3회(68.9%)가 가장 많았다.

현재 노인들이 받고 있는 사회적 원조를 살펴보면, 경로우대가 가장 많았고(31명) 노령수당 수혜자도 20명 포함되었다. 수혜내용은 의료보호 (38.2%), 무료검진(29.4%), 순으로 나타났다. 현재 학대피해 노인들은

64.7%가 어떠한 형태든 국가에서 지급되는 보호 대상자로 선정되어 1인당 평균 2.63개의 원조를 받고 있다. 원조요청 상황을 보면, 학대 후 원조요청을 하지 않은 피해자가 많은 것(55.9%)으로 드러났다. 최초 도움 요청자는 가족(24.4%), 상담자(20.0%), 성직자(17.8%) 순이었고 이외에도 공직자인 동사무소 직원에게 도움 요청(11.1%)이 나타났다. 경찰서신고(8.9%), 119 구조요청(2.2%) 등 신고를 한 경우는 낮게 나타나 다양한 원조요청 경로를 보였다. 원조 요청 시 도움 만족도는 대체로 만족 이상이 63.8%로 비교적 만족한 비율이 높았다. 노인 본인의 학대 해결 노력을 보면 노력하지 않았다(55.0%)가 노력을 한 경우(47%)보다 높게 나타나 피해노인들의 학대노력은 낮은 수준이다.

가정폭력방지법을 인지하는 조사대상자는 36.3%로 다수의 노인(62.7%)은 가정폭력방지법을 알지 못하였다. 인지출처는 TV나 신문 등 매스컴을 통해서 알게 되었다(18.6%)가 가장 높았다. 다시 학대를 받을 경우 신고의향에 대해서는 신고하지 않겠다고 응답한 노인(78.4%)이 높은 비율로 나타났다. 그 이유로는 집안일 이어서(46.1%), 창피해서(11.8%) 순으로 학대를 집안 일로 여기며 노출시키지 않고자 하는 의지를 반영한다. 가장 시급히 요망하는 원조내용으로는 경제적 지원(34.3%)이 가장 높게 나타났고 의료적 처치(15.6%), 거주지 제공/시설/쉼터 입소 요망(10.7%), 공적 부조 대상자 요망(1.9%) 순으로 나타났다.

조사대상자들의 부양기대감 수준의 평균값은 3.09로 평균적으로 보통이다(3점)를 조금 넘는 수준으로 나타났다. 일반노인 연구결과와 비교할 때, 낮은 부양기대감을 보였다.

2) 학대의 특성

(1) 학대 빈도, 기간, 유형, 가해자 총수

본 연구의 학대발생 빈도는 부정기적(40.2%)이 가장 높았고 거의 매일(34.3%), 일주일에 1회 이상(10.8%) 순으로 나타났다. 학대기간은 1-3년 미만(28.4%), 3-6년 미만(27.5%), 10년 이상(21.6%) 순으로 평균 학대 경험기간은 8년 3개월 정도로 조사되었다. 가해자 총수는 1명(55.9%)이 가장 많았고 평균 가해자수는 1.54명이었다. 학대유형을 보면, 방임의 빈도가 2.8(총 문항 대비), 47.5%로 가장 높았고 심리학대 45.7%, 재정적 학대 13.1%, 신체적 학대 6.5%의 순으로 나타났다.

(2) 주 가해자 특성

주 가해자의 일반특성은 다음과 같다. 노인과 가해자와의 관계를 보면 장남(47.1%), 차남이하(12.7%) 순으로 아들(59.8%)이 절반이상을 차지하였으며 딸(18.6%), 맏며느리(15.7%) 순으로 나타났다. 가해자 성별은 남자(62.7%)가 여자(37.3%)에 비해 높은 비율을 보였다. 가해자의 평균연령은 48.4세(남자49.4, 여자46.8세)였다. 교육수준은 고졸 이상의 학력(72.6%)이 높아 비교적 고학력의 상태를 보였다. 혼인상태는 유 배우자(69.6%), 별거(11.8%), 이혼(7.8%) 순이었다. 가해자들은 종교가 없는 경우(73.5%)가 많았으며 종류는 기독교(13.7%)가 가장 많았다. 가해자들의 취업률은 60.8%였고 직종별로는 사업, 서비스 종사자(15.7%), 단순 노무직(13.7%), 전문/준전문직(10.8%) 순으로 나타났다. 가해자가 정신장애를 가진 경우는 5.9%, 폭력전과가 있는 경우 2.9%, 약물의존 및 남용으로 치료를 받은 경험도 역시 2.9%로 낮게 나타나 가해자가

정신질환, 폭력, 약물의존 및 남용 등과 관련된 이유로 학대를 한 경우
는 낮은 비율로 나타났다.

(3) 학대 세대 간 전이 및 학대이유

주 가해자와 노인과의 평소관계를 보면 보통이었다(53.9%)가 가장 높
아 평소관계는 보통정도에서 나쁜 편으로 해석된다. 학대의 세대 간 전
이 상황은, 가해자가 학대를 목격하고 성장한 경우(19.6%)가 학대경험
없음(51.0%)에 비해 낮은 비율을 보여 실제로 학대의 세대 간 전이는
높게 나타나지 않았다. 노인들이 인지하는 학대의 이유로는 경제적 이유
/어려움(18.6%), 가족구조의 변화(15.6%) 순으로 경제위기 이후 가족의
어려워진 경제사정, 노인자신 혹은 자녀의 이혼, 사별, 재혼 등으로 부양
을 할 수 없게 되거나, 거부하는 이유가 높게 나타나고 있다.

3) 학대피해영역

(1) 신체적 영역

학대 후 의료처치의 경험을 보면 학대 후 진료를 받은 경우(63.7%)
가 진료를 받지 못한 경우보다 높았고 입원 경험이 없는 노인(77.5%)이
더 많았다. 91.2%의 학대피해노인이 수면장애를 경험하고 있는 것으로
드러났고 58.8%에 해당하는 노인이 섭식 장애를 겪고 있는 것으로 나
타났다. 조사대상자들의 신체화 현상 수준 평균값은 3.11로 웬만큼 있다
(3점)와 꽤 심하다(4점) 중간으로 나타났다.

(2) 심리적 영역

우울 및 불안의 평균값은 2.71로서 약간 있다(2점)와 웬 만큼 있다(3점) 사이이나 웬만큼 있다 편에 치우쳐 학대피해노인들은 우울 및 불안을 어느 정도 경험하고 있는 것으로 분석된다. 공포의 경우 평균이 2.07로 약간 있다(2점)에 가깝게 나타나 우울 및 불안보다는 낮게 나타나고 있다.

(3) 행동적 영역

노인들의 자살기도 욕구정도를 보면, 자살기도 욕구를 가진 노인은 전체 대상자의 48% 정도로 나타났다. 자살의 구체적 방법 문항에서는 자살방법에 대해 생각해 본적 없다(51.0%)가 가장 높게 나타났다. 전체 조사대상자 중 술을 마시지 않는 노인이 4.3%, 흡연을 하는 노인도 11.8%로 비교적 낮게 나타나고 있다. 약물을 복용하는 노인은 51.0%, 약물복용 충동의 경우는 전혀 없음이 91.2%로 높게 나타났다.

조사대상자들의 적대행동 수준의 평균값은 1.59로 전혀 없다(1점)에서 약간 있다(2점)에 치우쳐 나타나고 있어 학대피해 노인의 적대행동은 심각한 수준은 아닌 것으로 보여진다.

(4) 사회적 영역

조사대상자들의 사회적 회피 수준 평균값은 4.27로 중간수준에 못 미치며 대인 예민성 수준은 평균값은 1.95로 나타나 약간 있다(2점)에 가까운 수준이었다.

2. 인구학적 배경변인에 따른 주요변수의 분석

1) 인구학적 배경변인에 따른 위험요인의 차이

연구대상 노인의 인구사회학적 변인 중 위험요인에 차이를 주는 요인은 성별, 연령, 총 자녀수, 경제상태 의존도로 나타났다. 개인적 위험요인의 경우 인지기능이 경제상태 의존도에 따라 유의미한 차이를 보여 자녀에 대한 경제적 의존도가 큰 노인집단이 인지기능이 낮게 나타났다. 가족적 위험요인 중 가족기능의 하위기능인 문제해결 기능은 연령에 따라 유의미한 차이를 나타내 고령의 노인집단 가족의 문제해결 기능이 가장 낮았다. 성별과 총 자녀수(아들)는 사회, 문화적 위험요인 중 단체/모임 관련여부에 차이를 주는 변인으로 남성노인이 여성노인보다 단체나 모임에 더 크게 관여하고 있으며 총 자녀수는 아들이 1명인 경우의 노인집단이 단체나 모임 관련이 가장 낮았다.

2) 인구학적 배경변인에 따른 학대특성의 차이

성별, 교육수준을 제외한 연령, 총 자녀수, 경제상태 의존도 등이 학대의 특성에 통계적으로 유의미한 차이를 나타냈다. 학대유형에 유의미한 차이를 보인 변인은 연령, 총 자녀수(남, 여)이다. 고령의 노인이 방임의 위험성이 높았고 딸이 없는 경우 즉 아들만 있거나 딸이 다수인 경우 심리적 학대가 발생할 가능성이 큰 것으로 파악되었다. 재정 학대의 경우도 딸이 많을수록 증가하는 경향을 보였고 방임의 경우는 딸이 1-2명인 경우에 가장 평균값이 높았다. 자녀에 대한 경제적 의존도가 높은 노인집단이 심리적 학대 위험이 높았고 노인에게 경제적 지원을 많이 하는 가해자의 교육수준이 경제적 지원을 하지 않는 가해자 교육수준보다 낮았다.

3) 인구학적 배경변인에 따른 피해영역의 차이

학대피해영역에 차이를 나타내는 변인은 교육수준과 총 자녀수 남, 여로 조사되었다. 교육수준이 높은 경우의 노인집단이 우울 및 불안이 높은 것으로 나타났고, 아들이 많은 노인집단이 대인 예민성이 높았고 적대행동이 많이 나타났다.

3. 연구변인들 간의 관계분석

연구변인 간의 관계를 검증하기 위하여 정준 상관관계분석을 실시하였다. 개인위험변인은 학대특성, 학대피해영역 중 심리영역, 행동영역, 사회영역과 통계적으로 유의미한 수준에서 상관관계가 있었다. 다음, 가족위험변인은 사회위험변인, 학대피해변인 중 심리영역과 유의미한 상관관계가 있었다. 사회위험변인은 학대피해변인 중 심리영역, 행동영역, 사회영역과 유의미한 상관관계가 있는 것으로 나타났다.

4. 가설검증 결과

1) 학대의 위험요인이 학대의 특성에 미치는 영향

분석결과 교육수준이 가해자와 평소관계에 영향을 주는 요인으로 나타났다. 즉 교육수준이 낮은 경우의 노인이 가해자와 평소관계가 저하됨을 의미한다. 인지기능, 성별, 경제상태 의존도가 심리적 학대에 유의한 영향을 주는 요인으로 여성이며 인지기능이 낮고 자녀에 대한 경제적 의존도가 높은 노인이 심리적 학대 발생률이 높게 나타났다. 신체 기능은 방임에 유의한 영향을 주는 요인으로, 신체 기능이 낮고 학력이 낮은 노인이 방임 발생률이 높아졌다. <가설 1-1>은 부분적으로 지지되었다. 학대의 특성에 통계적으로 유의미한 영향을 주는 가족적 위험요인은 가족결속력이었다. <가설 1-2>는 부분적으로 지지되었다. 사회, 문화적 위험요인 중 학대기간에 유의미한 영향을 미치는 요인은 단체 참여 회수와 친척 접촉회수이다. 학대 유형 중 심리적 학대에 영향을 미치는 요인은 자녀 접촉회수와 친척 접촉회수로 접촉회수가 증가했을 때 심리적 학대가 감소한 것으로 나타났다. 방임의 경우 원조요청, 단체 참여회수, 친척 접촉회수가 영향을 주는 변인이다. <가설 1-3>은 지지되었다.

2) 학대의 위험요인이 학대피해영역에 미치는 영향

(1) 개인적 위험요인이 학대의 피해영역에 미치는 영향

개인적 위험요인이 신체적 피해영역에 미치는 영향을 보면, 신체기능이 저하될수록 신체화 현상이 심화되었다. 노인의 학대 후 진료회수에 통계적으로 유의미한 영향을 주는 요인은 교육수준과 경제상태의존도이다. <가설 2-1>은 지지되었다. 검증결과 우울 및 불안에 통계적으로 유의미한 범위에서 영향을 주는 요인은 인지기능, 자녀수, 교육수준이었다. 인지기능이 낮고, 자녀수가 많으며 교육수준이 낮은 노인이 학대 후 우울 및 불안이 높게 나타났다. 인지기능은 공포에 부적 영향을 보였다. <가설 2-2>는 지지되었다. 개인적 위험요인이 학대의 행동적 피해영역에 미치는 영향을 살펴보았다. 적대행동에 유의미한 영향을 주는 요인은 신체기능, 인지기능, 자녀수, 경제상태이다. 자살충동에 영향을 미치는 요인은 경제상태 의존도로 노인의 자녀에 대한 경제적 의존도가 높을수록 자살충동이 증가하였다. <가설 2-3>은 지지되었다. 학대의 개인적 위험요인 중 인지기능이 사회적 피해영역에 유의미한 영향을 주는 요인으로 인지기능이 떨어질수록 학대 후 노인의 대인 예민성이 높아졌다. <가설 2-4>는 부분적으로 지지되었다.

(2) 가족적 위험요인이 학대의 피해영역에 미치는 영향

대상노인의 가족적 위험요인은 학대의 신체적 피해영역에 통계적으로 유의미한 영향을 나타내지 못하였다. <가설 3-1>은 기각되었다. 학대의 심리적 피해영역에 유의미한 영향을 주는 요인은 관계 만족도로, 노인이 자녀와의 관계 만족도가 낮을수록 학대결과 노인의 우울 및 불안이 증가한다. 관계 만족도는 공포에도 유의미한 부적 영향을 미치는 요인이다. <가설 3-2>는 지지되었다. 대상노인의 가족적 위험요인은 학대의 행동적 피해영역에 통계적으로 유의미한 영향력을 나타내지 못하였다. <가설 3-3>은 기각되었다. 가족적 위험요인이 학대의 사회적 피해영역에 미치는 영향을 보면, 사회회피에 유의미한 영향을 주는 요인은 관계 만족도와 의사소통기능으로 나타났다. <가설 3-4>는 부분적으로 지지되었다.

(3) 사회, 문화적 위험요인이 학대피해영역에 미치는 영향

사회, 문화적 위험요인은 학대의 신체적 피해영역에 통계적으로 유의미한 영향을 나타내지 못하였다. <가설 4-1>은 기각되었다. 심리적 피해영역의 하위요인인 우울 및 불안에 영향을 미치는 요인은 부양기대감과 단체 참여회수로 조사되었다. 노인의 자녀에 대한 부양기대감이 클수록 학대 후 우울 및 불안 증상이 증가하였고 단체 참여회수가 증가하면

우울 및 불안이 감소되었다. <가설 4-2>는 부분적으로 지지되었다. 행동적 피해영역인 적대행동에 통계적으로 유의미한 영향을 주는 요인은 부양기대감, 단체 관련여부, 단체 참여회수로 조사되었다. 자녀에 대한 부양기대감이 높을수록, 단체 관련을 하는 노인의 경우, 단체 참여회수가 증가하면 학대 후 노인의 적대행동은 증가하였다. <가설 4-3>은 부분적으로 지지되었다. 사회회피에 영향을 주는 사회, 문화적 위험요인은 부양기대, 원조요청, 친척접촉회수였다. 학대 후 노인의 사회회피 증상은 부양기대감이 클수록, 원조요청을 한 노인의 경우에, 친척과 접촉 정도가 감소할 때 심화된다. 단체 관련여부 및 단체 참여회수, 친척 접촉회수는 대인 예민성에 유의미한 영향을 주었다. <가설 4-4>는 지지되었다.

3) 학대의 특성이 학대피해영역에 미치는 영향

학대의 특성 변인 중 신체적 피해영역에 영향을 미치는 요인은 학대유형과 가해자와의 평소관계로 나타났다. 피해 노인의 신체화 현상은 심리적 학대가 심한 경우에, 가해자와 평소관계가 원만했던 노인에게 증가되었다. <가설 5-1>은 부분적으로 지지되었다. 우울 및 불안에 영향을 미치는 요인은 학대유형과 가해자와 평소관계로 나타났다. 공포에 영향을 주는 변인은 학대유형 중 심리학대와 재정학대로 조사되었다. <가설 5-2>는 지지되었다. 학대의 특성은 행동적 피해영역에 통계적으로 유의미한 수준에서 영향을 미치지 못하는 것으로 조사되었다. <가설 5-3>은 기각되었다. 학대피해의 사회적 영역에 영향을 주는 요인은 학대유형 중 심리적 학대로 심리적 학대가 증가할수록 대인 예민성이 높아져 대인 예민성에 가장 영향력을 미치는 학대유형으로 볼 수 있다. <가설 5-4>는 부분적으로 지지되었다.

4) 학대위험요인, 학대의 특성이 학대피해영역에 미치는 영향

본 연구의 <가설 6> 검증은 두 단계로 나누어 실시되었다. 첫째, 위계적 회귀분석을 통해 학대특성의 매개/조절 변인으로서 기능하는 일차연구모형을 검증하였다. 둘째, 공변량 분석을 통해 학대의 특성이 매개변인으로서 기능하는 최종연구모형을 검증했다.

학대의 특성이 매개/조절 변인으로 작용하는지의 여부를 확인하기 위하여 위계적 회귀분석을 실시한 결과 학대특성이 매개/조절 변인으로 작용하는 경향이 있음을 확인하였다. 신체영역에서는 개인변인이 통계적으로 유의미하게 영향을 주었으나 학대의 특성이 통계적으로 유의미한 매개/조절효과를 나타내지 못하였다. 심리영역에서는 개인변인이 통계적으로 유의미하게 영향을 주었고 학대의 특성은 통계적으로 유의미한 매개/조절효과를 나타냈다. 행동영역에서는 개인변인이 통계적으로 유의미하게 영향을 주었으나 학대의 특성이 매개/조절효과를 나타내지 못하였다. 사회영역에서는 개인, 사회변인이 통계적으로 유의미하게 영향을 주었고 학대의 특성이 매개/조절 효과를 보였다. 즉 학대의 특성은 학대피해의 심리, 사회적 피해영역에 매개/조절변인으로 작용하였다.

공변량 분석을 통한 모형검증결과를 보면, 첫째, 직선적 매개 모형(간접영향)의 경우 모델의 적합성이 비교적 자료에 부합하였다. 또한 경로계수의 경우, 학대의 위험요인 중 개인변인에서 학대의 특성으로 영향을 주는 경로, 가족변인에서 학대의 특성으로 영향을 주는 경로는 유의미하였고, 사회변인에서 학대의 특성으로 영향을 주는 경로는 유의미한 경향을 보였다. 학대의 특성에서 학대피해영역으로 영향을 주는 경로도 유의미하였다. <가설 6-1>은 지지되었다. 둘째, 충만 모형(직접영향)의 경우 모델의 적합성이 비교적 자료에 부합하였다. 경로계수의 경우 학대의 위험요인 중 개인변인에서 학대의 특성으로 영향을 주는 경로, 가족변인에서 학대의 특성으로 영향을 주는 경로는 유의미한 경향을 보였다. 그러나 사회변인에서 학대의 특성으로 영향을 주는 경로는 유의미한 경향을 보이지 않았다. 학대특성에서 학대피해영역으로 영향을 주는 경로는 유의미하였다. 그러므로 충만 매개모델에서는 학대의 특성의 매개효과가 부분적으로 지지되었다. <가설 6-2>는 부분적으로 지지되었다.

B. 함 의

이상과 같은 연구결과에 근거하여 사회복지실천에 기여 가능한 함의를 예방적 실천개입과 학대피해노인과 가족을 대상으로 하는 임상적 실천개입으로 나누어 논의하고자 한다.

1. 예방적 실천개입

본 연구결과를 근거로 제시할 수 있는 노인학대 예방을 목적으로 하는 거시적 차원의 실천개입은 다음과 같다.

첫째, 본 연구결과를 통해 한국노인학대 실태의 양상을 파악할 수 있었다. 즉 현재 노인학대의 전반적인 대상, 구체적인 위험요인, 발생한 학대의 특성, 그리고 노인에게 학대의 결과로 나타날 수 있는 피해영역을 구체적으로 파악할 수 있었다. 그동안 외국 선행연구를 근거로 제시되었던 위험요인들과 실제적인 학대피해에 관한 문화적 차이에 대한 부분적 이해는 한국 노인학대 대책의 실천적 함의 제공의 근거가 될 것이다. 일반화의 제한점은 존재하나 한국 노인학대 실태파악을 근거로 보다 거시적 차원에서의 노인학대 예방과 대책을 목적으로 하는 개입의 접점이 마련되어야 한다.

둘째, 본 연구는 이론모형으로 구조화하기 어려운 학대라는 연구주제를 학대위험요인－학대의 특성－학대피해영역이라는 관계로 구조화하여 검증을 시도하였고 부분적으로 영향과 경로를 구체화할 수 있었다. 그동안 학대노인 사례발굴의 실질적 한계로 인해 부분적 추정만이 가능했던 상황에서 실제적인 학대 위험요인이 피해영역에 어떠한 영향을 주고 있는가에 대한 연구결과들은 노인학대의 위험요인을 감소시키고 조절할 수 있는 정책적, 임상적 학대개입의 근거가 될 수 있을 것이다. 나아가서 노인학대가 이미 위험수위에 와있고 이를 가족이나 개인의 책임으로 돌리기보다 사회문제로 접근하여 대책을 수립해야 한다는 전반적 인식 전환점의 계기가 되어야 한다. 이를 위하여 현재 노인학대 문제가 노인, 가족, 국가 모두가 노출하기를 꺼리는 '숨겨진 이슈'에서 벗어나도록 거시적 차원에서의 대중교육 및 홍보 등의 적극적 개입이 뒤따라야할 것이다.

셋째, 본 연구결과 가족의 구조 및 기능의 변화가 학대 관련요인으로 나타났다. 이는 노인학대와 가족의 책임이 관련되는 부분이다. 노인의 평균수명이 연장되고 의존적 노인이 증가함에 따라 노인부양은 가족 책임의 한계를 넘어서고 있다. 그러나 부양기대감이나 관계 만족도가 학대의 피해영역에 영향을 미친다는 결과는 노인부양이 아직도 가족의 기능에 의지하고 있으며 노인 또한 사회적 원조를 기대하기보다는 가족에게 기대한다는 사실을 시사한다. 의존적 노인을 부양하는 가족을 위한 지원 정책은 급증하고 있는 가족구성원에 의한 학대를 예방하고 감소시킬 수 있을 것으로 기대된다.

넷째, 본 연구 결과를 통해 노인학대는 다른 분야의 노인 문제와 마찬가지로 노인의 신체, 심리, 행동, 사회적 영역에 다양한 경로를 통해 영향을 미치는 복합적인 문제로 드러났다. 이는 학대피해노인의 복지가 단일 측면을 요구하지 않으며 다목적적인 개입이 효과가 있음을 시사한다. 법, 범죄관련, 의약, 간호, 사회복지, 종교, 노인단체 등의 다양한 분야의 개입은 다른 대책 및 접근, 다양한 경험 및 훈련을 받은 전문가, 광범위한 지역사회 자원을 제공하는 장점을 갖는다.

다섯째, 본 연구결과에 따르면 학대피해 노인들의 원조요청 태도는 수동적이었으며 학대를 피하기 위한 노력은 저조하게 나타났다. 구체적으로 노인들은 자신의 죄책감 때문에 혹은 학대를 가족의 일로 여겨 참고 견딘 것으로 이런 학대에 대한 반응에는 현재 학대피해노인들의 교육수준, 자녀에 대한 의존도, 사회적 관계망의 부재가 영향을 미치는 것으로 나타나고 있다. 자기보호, 변호, 권리옹호의 인식과 증대를 위한 전반적 노인교육이 잠재적 학대피해 노인들을 대상으로 실시된다면 학대예방에 기여할 것으로 보여진다.

여섯째, 본 연구를 진행하는 전 과정에서 직면한 어려움은 '한국의 노인학대는 무엇인가'에 대한 합의부재였다. 개입기관에 따라 학대에 대한 다른 개념과 유형, 연령이 적용되었고 사례관리도 다른 방법이 활용되었다. 이는 연구의 이론적 모형을 수립하고 사례를 수집할 때 난점으로 나타나 다양한 방법이 활용되었다. 노인학대사례의 발견과 임상개입의 효과를 높이려면 기본적으로 노인학대를 단일화하는 창구, 즉 노인학대 전담기관이 필요하다. 노인학대 전담기관을 중심으로 합의된 기준을 가지고 실태조사와 연구가 이루어지고 이를 근거로 대책이 수립되어야 노인 학대 문제접근에 설득력을 가질 것이다.

2. 임상적 실천개입

본 연구결과를 기반으로 제시할 수 있는 학대피해노인과 가족을 대상으로 하는 실천적 개입은 다음과 같다.

첫째, 본 연구결과 노인의 개인적 위험요인은 학대의 특성과 피해영역에 영향을 미치는 유의미한 변인으로 나타났다. 이는 현 한국 상황에서 '누가 학대에 취약한 노인인가'에 대한 설명을 가능하게 한다. 고령의 여성노인, 정신적, 신체적, 경제적으로 의존적 노인, 인지기능이 약화된 치매노인, 신체/정신적 질병이나 음주/약물남용을 하는 자녀를 가진 노인 등이 잠재적으로 학대에 취약하며 실제 학대피해자로 나타나고 있다. 사회복지기관의 개인적 위험요인을 가진 노인을 대상으로 하는 학대사례 조사, 발굴, 관리 기능이 강화되어야하며 초기면접 시 신속히 학대를 사정할 수 있는 사정도구 개발이 필요하다. 예를 들면, 게이트키퍼 프로그램(Gate Keeper Program)은 지역사회의 심각한 문제로 위험에 처한 잠재적 학대피해자를 발굴하는 시스템이다. 일상생활에서 노인과 접촉이 가능한 사람들(관리인, 검침원, 배달원 등)이 지역사회 거주 노인의 학대징후를 발견하여 기관에 의뢰하는 프로그램으로 학대위험에 처한 노인을 조기발견하고 서비스를 제공한다.

둘째, 본 연구결과 가족적 위험요인은 학대의 특성과 피해영역에 영향을 미치는 변인으로, 자녀에 대한 관계 만족도가 낮은 노인이나 가족기능이 저하된 노인의 심리, 사회적 피해영역이 증대되었다. 이는 현재 한국노인에게 가족은 학대의 위험요인으로 작용할 수 있으며 심리, 사회적 디스트레스를 증가시키는 중요한 존재라는 의미로 해석할 수 있다. 특히 부양부담을 감당하기 어렵거나 경제적인 원인으로 학대가 발생하는 경우의 가족은 가해자라는 낙인을 받게 되고 노인 역시 이중의 고통을 당하게 된다. 이런 특별한 욕구를 가진 가족에의 개입이 요구된다. 구체적으로 요양보험, 부양보험 등의 제도와 수당 등을 통하여 경제적 지원을 하는 한편 부양자를 위한 가사지원 서비스, 간병 서비스, 스트레스를 받는 부양자에게 휴식을 제공하는 장/단기보호서비스 등의 직접적인 프로그램 및 서비스가 필요하다.

셋째, 연구결과 학대피해영역에 영향을 미치는 사회, 문화적 변인 중 사회적 지원이 상당히 높은 설명력을 보이고 있다. 본 연구대상인 실제 학대피해 대상자들의 비동거 자녀나 친척 접촉정도는 극도로 낮은 반면 단체관련이나 사회적 원조를 받는 비율은 높게 나타났다. 이는 학대 후 노인들이 한국 상황에서 노인들의 일차적 지지체계인 확대가족이나 지역사회의 지원을 받지 못하고 사회적으로 고립되어 국가, 종교단체 등의 원조로 생존하고 있음을 의미한다. 또한 가족을 포함하는 사회적 지지의 부족은 학대기간을 연장시키고 학대피해영역에 부정적 영향을 미친다. 따라서 가족 및 확대가족을 포함하는 사회적 지원의 강화, 지역사회 접촉의 강화, 공식/비공식적 지원의 강화 등 궁극적인 사회적 관계망(Social Network)의 확대는 학대노인의 고립된 사회적 관계를 회복시켜 학대를 방지, 감소시킬 것으로 보여진다.

넷째, 연구결과 위험요인은 학대의 특성을 경로로 학대피해노인의 심리, 사회적 영역에 심각한 영향을 미치는 것으로 조사되었다. 실제로 학대 후 노인들의 우울 및 불안정도가 높게 나타났고 사회회피 및 대인 예민성 등 사회에서 철회하는 경향이 두드러졌다. 이는 학대피해 노인의 심리, 사회적 피해영역에 대한 사회복지적 개입의 필요성을 시사한다. 그러나 현실적으로 외국에서도 학대피해 노인을 대상으로 하는 구체적 프로그램의 실행은 제한점을 갖는다. 이는 학대가 노출되기 어렵고 노출될 경우 노인의 안전 및 인권의 문제, 가해자 낙인(Stigma) 등의 문제를 동반하기 때문이다. 따라서 노인이 서비스 제공기관으로 접근하기보다는 아웃리치(Out Reach)프로그램이 효과적일 것으로 판단된다. 구체적으로 상담, 잠재적 피해자에 대한 관리, 지역사회 서비스 조정, 사례관리 등의 프로그램과 접근성이 높은 노인들로 구성된 자조집단(Self-Helf Group)을 활용한다면 학대피해 노인들의 심리, 사회적 디스트레스를 감소시킬 수 있다.

다섯째, 노인의 의존성을 감소시키는 사회적 지원의 증대를 목적으로 현재 노인들이 받을 수 있는 서비스를 학대노인들에게 적용할 수 있도록 하는 방안이 요구된다. 즉 기존 노인복지 서비스 시스템을 활용하여 학대피해노인과 가족에게 전문프로그램과 서비스를 효과적으로 제공하기 위한 노력이 필요하다. 본 연구결과에서 나타난 바와 같이 현재 생존의 위협에 처해있는 학대피해 노인들은 학대 후 공적원조를 받으려면 수급대상자가 되거나 기관의 서비스 원조적격성에 부합하여야만 가능하다. 그러나 노인학대 발생 시 전문적 개입은 상당 경우 노인의 생존과 직접 관련된 위기개입 형태로 시급히 요청되는 경우가 많다. 필요시 신속하게 제공되는 서비스는 학대피해를 감소시키고 기간을 단축시킬 수 있다. 학대노인에게 필요한 구체적인 신속원조 서비스(Tangible Support Service)로는 가사원조 서비스, 응급식량 지급, 식사배달 서비스, 학대로 인한 질병 및 증상 치료, 가옥 복구와 수리, 기타 가정용품 지급 등이 있다.

여섯째, 실태조사 결과 학대피해노인들이 가장 시급히 요망하는 원조로 주거지 및 쉼터가 높게 나타났다. 이는 학대피해노인을 위험하거나 위급한 상황에서 분리하는 안전문제와 직접적으로 관련된다. 그러나 현재 한국에는 학대노인을 위한 쉼터나 단기주거장소가 전무한 상황이다. 여성을 위한 쉼터가 있으나 노인의 욕구처리에는 적절하지 못하다. 학대 기간 및 빈도를 단축시키고 가해자들에게도 학대를 중단시킬 수 있는 접점이 될 수 있는, 노인들이 안전하게 거처할 응급 쉼터(Emergency Shelter)가 필요하다.

일곱째, 본 연구결과에서 나타난 피해노인들의 학대 신고율은 극히 저조했고 가정폭력 방지법조차 인지하지 못하고 있는 것으로 드러났다. 자녀가 부모를 폭행하거나 상해하면 존속범죄로 가중처벌을 받도록 형법에서 규정하고 있으나 이런 행위가 가정 내에서 발생하면 가정폭력사건이 되고 형법의 적용은 배제된다. 현재 한국에서 노인학대와 가장 관련이 큰 법률은 1998년 7월 1일부터 시행되고 있는 가정폭력 방지법이다. 이 법에 근거하여 노인이 가정 내에서 학대를 받게 되는 경우 신고나 고소가 가능하다. 그러나 가정폭력방지법은 가정폭력 사건을 가정보호사건으로 특별 심리를 하므로 형벌에 앞서 보호처분을 내릴 수 있는 것을 골자로 한다. 또한 노인은 성인이므로 '의사존중의 원칙'으로 인하여 노인스스로 학대사실을 인정하고 수사 및 형사처벌을 요구해야만 처벌이 가능하다. 이런 현실적 제한점 때문에 노인학대 문제를 범법이나 형사법적 영역으로 국한 짓기는 어려운 실정이다. 따라서 이런 제한점을 수용하고 노인학대 문제를 전담할 수 있는 학대전담법 마련이 시급하며 이미 서구에서 시행하고 있는 학대 노출에 효과를 가져오는 강제보고 법령의 실행이 요구된다. 특히 심각한 가정폭력과 관련된 노인학대의 경우 가해자를 피해자로부터 신속히 분리시킬 수 있는 보호관찰과 같은 자유재량권 등이 확대되어져야 하며 노인이 합리적 결정을 할 수 있는 능력이 결여 된 경우 대리인, 후견인 등 공평한 입장의 제3자에게 권리를 부여하도록 하는 변호/대리프로그램(Advocate Program)이 요구된다. 학대노인을 위한 법적 조치의 강화는 특히 부모에게 경제적 의존도가 큰 자녀들로부터 재정적 학대를 당하는 한국의 노인들에게 적절한 개입으로 보여진다.

여덟째, 본 연구결과 가해자의 노인과의 관계, 가해자와 평소관계 등이 학대피해영역에 유의미한 영향을 주는 요인으로 나타났다. 노인의 가족인 가해자 역시 정신적 장애나 질병을 가진 경우가 높게 나타났으며 과중한 스트레스를 겪고 있는 것으로 판단된다. 이런 학대 가해자들을 위한 가해자 원조프로그램이 시행된다면 학대의 감소뿐 아니라 노인이 다시 가정으로 돌아갈 경우 학대 재발을 방지하는 효과가 있을 것으로 기대된다.

C. 후속 연구를 위한 제언

본 연구는 실제 학대를 당했거나 당하고 있는 노인을 대상으로 양적 연구를 시도하였고 대부분의 가설을 검증할 수 있었다. 그러나 학대라는 방대한 연구범위 내에서 제한점을 갖는다. 본 연구의 결과와 논의를 근거로 하는 후속 연구를 위한 제언은 다음과 같다.

첫째, 본 연구가 서울 노인종합복지관의 전수조사와 노인학대 상담센터 사례를 대상으로 하였으나 기관 샘플이라는 한계를 갖는다. 즉 결과를 한국노인학대에 일반화하기에는 제한점이 존재한다. 현재 무엇보다도 시급한 것은 학대실태를 정확히 추정할 수 있는 국가나 공신력 있는 기

182

관에 의한 전국 규모의 실태조사이다. 탐색적 연구인 본 연구를 바탕으로 노인학대의 심각성을 드러내는 거시적 차원의 학대실태연구의 계기가 되길 바란다.

둘째, 학대라는 연구주제 자체가 양적 연구로 접근하기에 제한점을 갖는다. 본 연구결과에서도 나타났듯이 위험요인은 노인이 받은 학대의 특성에 따라 피해정도가 달라진다. 결국 학대는 드러난 상황보다는 주관적 의미에 의한 개인의 해석에 따라 달라지며 피해의 정도도 영향을 받는다. 따라서 학대의 의미와 개인이 지각하는 피해수준에 대한 포괄적인 접근을 위해서는 질적 연구가 병행되어 보다 심층적인 분석이 이루어져야 할 것이다.

셋째, 차후연구에서는 학대를 검증하는 연구변인에 대한 보완이 이루어져야 할 것이다. 본 연구에서는 학대피해영역을 신체, 심리, 행동, 사회 영역으로 분류하여 검증하였으나 실제적으로는 몇몇 증상에 제한되었다. 또한 사회, 문화적인 위험요인에서도 거시적 변인이 제한되었다. 후속 연구에서는 보다 다양한 변인들의 영향을 연구할 필요가 있으며 학대결과로 나타날 수 있는 영향을 영역보다는 노인학대피해자화(Victimization)에 초점을 두어 검증한다면 효과가 클 것으로 기대한다.

넷째, 후속 연구에서는 조사척도에 대한 보완이 이루어져야 할 것이다. 본 연구의 경우 최초의 학대노인을 대상으로 한 양적 연구라는 부담을 안고 기존의 척도를 활용하였다. 그러나 노인 특히 학대피해노인을 대상으로 하는 척도가 불완전하여 효과적 검증에 제한점을 보였다. 한국 상황에서 학대를 효과적으로 검증할 수 있는 척도가 개발되어져야할 것이다.

　다섯째, 본 연구는 학대피해노인을 연구대상으로 하였다. 그러나 학대의 이유, 의미, 피해를 가해자의 입장에서 검증한다면 다른 결과를 가져올 것이다. 어렵지만 차후연구에서는 가해자를 대상으로 한다면 노인학대 이슈에 보다 충분한 이해를 가져오리라 확신한다.

참고문헌

김동배, 권중돈. 1998. 『인간행동 이론과 사회복지 실천』. 학지사.

김미혜, 이선이. 1998. "노인학대 측정도구를 위한 일 연구". 사회복지, 봄호.

김미경. 1998. "노인학대에 관한 연구 - 청주시를 중심으로". 청주대학교 대학원 사회복지학과 석사학위논문.

김한곤. 1998. "노인학대의 인지도와 노인학대의 실태에 관한 연구". 한국노년학, 18(1), 184 - 197.

김현수. 1997. "노인학대의 실태에 관한 연구". 숭실대학교 대학원 사회사업학과 석사학위논문.

김선희. 1996. "시부모 부양 며느리의 안녕감에 관한 연구". 이화여자대학교 대학원, 사회복지학과 박사학위논문.

김선혜. 1999. "일반적 자기 효능감이 정신건강에 미치는 영향에 관한 연구". 이화여자대학교 교육대학원 석사학위논문.

김승권 외. 2000. 『한국가족의 변화와 대응전략』. 한국보건사회연구원.

김승권, 조애저. 1998. 『한국 가정폭력의 개념정립과 실태에 관한 연구』. 한국보건사회연구원.

김충규. 1999. "가정폭력의 실태와 경찰대책에 관한 연구". 부산대학교 행정대학원 석사학위논문.

김태현. 1994. 『노년학』. 교문사.

김유숙. 2001. 『가족상담』. 학지사.

김태현, 한은주. 1997. "노인학대 측정과 개입을 위한 문헌적 고찰". 한국노년학, 17(1), 51 - 73.

박광배. 1999. 『변량분석과 회귀분석』. 학지사.

박봉길. 2000. "노인학대 인식도 분석을 통한 사회사업 원조전략". 부산대학교 대학원 사회복지학과 박사학위논문.

박준기. 1998. "한국노인 실태에 관한 연구―신문기사에 나타난 사례를 중심으로". 강남대학교 대학원 사회복지학과 석사학위논문.

반형욱. 1997. "노인학대의 실태조사 연구". 한남대학교 지역개발대학원 사회복지학과 석사학위논문.

장선옥. 1996. "가족건강 사정도구 개발에 관한 연구". 이화여자대학교 대학원간호학과 박사학위논문.

정경희. 1998. 『사회문제로서의 노인학대, 가정폭력과 청소년』. 청소년보호위원회.

정공진. 2000. "노인학대의 실태와 대책에 관한 연구―전북지역을 중심으로". 원광대학교 행정대학원 사회복지학과 석사학위논문.

정용달. 1999. "노인학대 실태에 관한 연구". 중앙대학교 사회개발대학원 사회복지학과 석사학위논문.

조민선. 1999. "가정폭력의 개념과 기본유형에 관한 연구―유형별 가정폭력의 종합적 고찰". 국민대학교 행정대학원 사회복지학과 석사학위논문.

조애저, 김승권, 김유경. 1999. 『노부모 학대실태에 관한 사례연구』. 한국보건사회연구원.

조숙희. 1999. "실직자의 우울, 절망감, 인지적 몰락이 자살충동 및 자기파괴적 행위에 미치는 영향에 관한 연구". 대구 효성 가톨릭 대학교 대학원 석사학위논문.

서윤. 2001. "노인학대의 개요와 대처방법". 2001년 전국노인학대 예방 상담센터실무자 교육강의자료, 한국재가노인복지협회.

서혜경. 1995. "노인학대의 실태와 법의 필요성". 한국여성의 전화 가정폭력방지법 전문가 워크샵 자료, 38-62.

윤진. 1994. "폭력 없는 가족-아내구타와 노부모학대를 중심으로". 여성연구, 44(가을호), 107-122.

이상훈. 1998. "노인학대 개념연구". 한양대학교 대학원 행정학과 석사학위논문.

이연호. 2001. "선진국 노인학대 지원제도 및 프로그램 비교연구". 노인복지연구, 14호, 165-192.

이영숙. 1997. "고부관계에서 발생한 노인학대에 관한 연구". 대한가정학회지, 35(2), 359-372.

이선이. 1998. "노인학대에 영향을 미치는 요인에 관한 연구". 이화여자 대학교 사회복지학과 석사학위논문.

이성희, 한은주. 1998. "부양자의 노인학대 경험과 관련요인". 한국노년학, 18(3), 123-141.

이해영. 1996. "새로운 복지문제로서의 노인학대에 관한 고찰". 한국노인문제 연구소 학술계간지, 통권 3호, 301-328.

우국희. 2001. "노인학대 관련정책 개발을 위한 일 고찰. 미국의 노인학대 관련법과 서비스정책을 중심으로". 한국사회복지학, 44호.

차빈석 외. 2001. 『다변량 분석의 이론과 실제』. 학현사.

최해경. 1993. "노인학대에 관한 인식과 원조요청 태도에 관한 연구". 전주대학교 논문집, 22, 273-286.

한동희. 2000. "학대받는 여성노인의 상황에 관한 연구". 노인생활과학 연구소.

한동희. 1996. "노인학대에 관한 연구", 대구효성가톨릭 대학교 대학원 가정학과 박사학위논문.

한은주. 2000. "노인학대에 관한 생태학적 연구". 성신여자대학교 대학원 가정관리학과 박사학위논문.

홍세희. 2000. "구조방정식 모형의 적합도 지수 선정기준과 그 근거". 한국 심리학회지, 19(1), 161-177.

고려대학교 부설 행동과학 연구소. 2000. 『심리척도 핸드북 I, II』. 학지사.

이화여자대학교 사회사업연구회 역. 2001. 『가족학대, 가정폭력』. 나남출판.

한국형사정책 연구원. 1995. 『노인의 범죄 및 범죄피해에 관한 연구』.

鈴木眞理子 外 3 人 著. 1999. 『老人虐待: 豫防과 支援』. 日本 看護協會 出 判會.

外口玉子 外 3 人 著. 2001. 『老人虐待 論』. 尙井西房.

Abraham, M. 2000. "Isolation as a Form of Marital Violence: The South Asian Immigrant Experience". Journal of Social Distress and the Homeless. July, 9(3), 221-236.

Ammerman, R. T. & Hersen, M. 1999. 『Assessment of Family Violence. A Clinical and Legal Sourcebook』. John /wiley & Sons, Inc.

Anetzberger, G. J. 1997. "Elderly Adult Survivors of Family Violence: Implications for Clinical Practice". Violence against women, Thousand Oaks, Oct, 3, 499-514.

Anetzberger, G. J. 2000. "Caregiving: Primary cause of Elder Abuse?" Generation, Summer, 24(2), 46-51.

Blakely, B. E. & Dolon, R. 1998. "A Test of Public reaction to Alleged Elder Abuse". Journal of elder Abuse & Neglect, 9(4), 43-65.

Brandl, B. 2000. "Power and Control: Understanding Domestic Abuse in Later Life". Generations, Sum, 24(2), 39-45.

Carp, F. M. 2000. 『Elder Abuse in the Family—An Interdisciplinary Model for Research』. New York: Springer Publishing Company, Inc.

Caruana, M. E. 1996. "Dependency and its Impact on Abuse in the Elderly". Dissertation, D'Youville College, M. S.

Childs, H. W., Hayslip Jr, B., Radika, L. M., & Reinberg, J. A. 2000. "Young and Middle—Aged Adult's Perception of Elder Abuse". The Gerontologist, Feb, 40(1), 75—85.

Choi, N. G. & Mayer, J. 2000. "Elder Abuse, Neglect, and Exploitation: Risk Factors and Prevention Strategies". Journal of Gerontological Social Work, 33(2), 5—25.

Comijs, H. C., Penninx, B., Knipscheer, K., & Tilburg, W. 1999. "Psychological Distress in Victims of Elder Mistreatment: The Effects of Social Support and Coping". The Journals of Geron—tology, Jul, 54(4), 240—245.

Comijs, H. C., Smit, J. H., Pot, A. M., Bouter, L. M., & Jonker, C. 1998. "Risk Indicators of Elder Mistreatment in the Community". Journal of Elder Abuse & Neglect, 9(4), 67—76.

Cypher, G. 1999. "Out of Shadows: Elder Abuse and Neglect". Policy & Practice of Public Human Services, Sep, 57(3), 25—30.

Dyer, C. B. & Goins A. M. 2000. "The Role of the Interdisciplinary Geriatric Assesment in Addressing Self—Neglect of the Elderly". Generations, Sum, 14(2), 23—27.

Fomby, W. A. 1996. "Getting more Information From Elder Abuse Inter—view". Aging, 367, 23—36.

Germain, C. B. 1991. 『Human Behavior in the Social Environment—An

Ecological View』. Columbia University Press.

Harris, S. B. 1996. "For Better or for Worse: Spouse abuse Grown Old". Journal of Elder Abuse & Neglect, 8 (1), 1–33.

Heisler, C. J. 2000. "Elder Abuse and The Criminal Justice System: New Awareness, New Response. Generations", Sum, 24(2), 52–58.

Hodge, P. D. 1998. "National Law Enforcement Programs to Prevent, Detect, Investigate, and Prosecute Elder Abuse and Neglect in Health Care Facilities". Journal of Elder Abuse & Neglect, 9(4), 23–41.

Hudson, M. F. 1998. "Elder Abuse: Expert and Public Perspectives of its Meaning". Journal of Elder Abuse & Neglect, 9(4), 77–97.

Kim, L. 1997. "Mistreatment of Vietnamese Elderly by Their Families in the United States". Journal of Elder Abuse & Neglect, 9(2), 51–62.

Korbin, J. E. Anetzberger, G., & Austin, C. 1995. "The Intergenerational Cycle of Violence in Child and Elder Abuse". Journal of Elder Abuse & Neglect, 7(1), 17–38.

Lachs, M. S., Williams, C. S., O'Brien, S., Pillemer, K. A., & Charlson, M. E. 1998. "The Mortality of Elder Mistreatment". JAMA, Aug. 280(5), 428–432.

Lachs, M. S., Williams, C. S., O'Brien, S., Hurst, L., & Horwitz, R. 1997. "Risk Factors for Reported Elder Abuse and Neglect: A Nine –Year Observational Cohort Study". The Gerontologist, Aug, 37(4), 469–474.

Lazarus–Black, M. 2001. "Law and the Pragmatics of Inclusion: Govern

- ing Domestic Violence in Trinidad and Tobago". American Ethno- logist, May, 28(2), 388-416.

Lukawiecki, T. 1993. 『Community Awareness and Response: Abuse and Neglect of Older Adults』. Minister of National Health and Welfare.

Moon, A. 2000. "Perception of Elder Abuse among Various Cultural groups: Similarities and Differences". Generations. Sum, 24(2), 75 -80.

MacDonald, L. & Collins, A. 2001. 『Abuse and Neglect of Older Adults: A Discussion Paper』. Health Canada.

Murphy, N. 1994. 『Resource and Training Kit For Service Providers: Abuse and Neglect of Older Adult』. Mental Health Division, Health services Directorate, Health Programs and Services Branch, Health Canada.

Nagpaul, K. 1997. "Elder Abuse among Asian Indians: Traditional Versus Modern Perspectives". Journal of Elder Abuse & Neglect, 9(2), 77 -92.

Neal, A. V., Hwalk, A., & Quinn, K. M. 1996. "The Illinois elder Abuse System: Program Description and Administrative Findings". The Gerontologist, 36(4), 234-342.

Nerenberg, L. 2000. "Developing A Service Response to Elder Abuse". Generations, Sum, 24(2), 86-92.

Kemp, A. 1998. 『Abuse in the Family: An Introduction』. Books/cole Pub.

Otto, J. M. 2000. "The Role of adult Protective Services in Addressing Abuse". Generations, Sum, 24(2), 33-38.

Pablo, s. & Braun, K. 1997. "Perception of Elder Abuse and Neglect and Help Seeking Pattern Among Filipino and Korean Elderly Woman in Honolulu". Journal of Elder Abuse & Neglect, 91(3), 63–76.

Pennant, L. 2000. "Unresolved Grief: a Risk Factor for Abuse and Neglect in Old Age". Generations, Sum, 14(2), 70–74.

Pillemer, K. A. 1985. "Domestic Violence against The elderly: A Case Control Study". Dissertation, PH. D, Brandeis University.

Pillemer, K. & Finkelhor, D. 1988. "The Prevalence of Elder Abuse: A Random Sample Survey". The Gerontologist, 28(1), 51–57.

Poirier, D. & Porier, N. 1999. 『Older Adult's Personal relationships, Final report, Why is it Difficult to Combat Elder Abuse and ,in particular, Financial Exploitation of the elderly?』. The Law Com – mission of Canada. (www.Poiriedo@umoncton.ca)

Postmus, J. L. 2000. "Analysis of the family Violence Option: A Strengths Perspective". Affilia, Thousand Oaks, Sum, 15(2), 244–258.

Ramsey–Klawsnik, H. 2000. "Elder–abuse Offenders: A Typology". Gene– rations, Sum, 14(2), 17–22.

Reis, M. 2000. "The IOA Screen: An Abuse–Alert Measure That Dispels Myths". Generations, Sum, 14(2), 13–16.

Robinson, J. P., Shaver, P. R., & Wrightsman, L. S. 1991. 『Measures of Personality and Social Psychological Attitudes』. Academic Press, Inc.

Schiamberg, L. B. & Gans, D. 1999. "An ecological Framework for Contextual Risk Factors in Elder Abuse by Adult Children". Journal of Elder Abuse & Neglect, 11(3), 79–103.

Sharon, N. & Zoabi, S. 1997. "Elder Abuse in A Land of Tradition: The Case of Israel's Arabs". Journal of Elder Abuse & Neglect, 8(4), 43–58.

Wolf, R. 2000. 『Special Research Review Section; Emotional Distress and Elder Abuse』. National Center on Elder Abuse Newsletter, January.

Wolf, R. 2000. "The Nature and Scope of Elder Abuse". Generations, Summer, 24(2), 6－12.

Wolf, R. 1996. "Elder Abuse and Family Violence: Testimony Presented before The U. S. Senate Special Committee on Aging". Journal of Elder Abuse & Neglect, 8(1), 81－96.

Yamada, Y. 1999. "A Telephone Counseling Program for Elder Abuse in Japan". Journal of Elder Abuse and Neglect. 11(1), 105－112.

American Psychological Association. 2000. 『Elder Abuse and Neglect: In Search of Solutions』. (http://publicinterest@apa.org)

Health Canada. 1999. 『Enhancing Safety and Security for Canadian Seniors』: A Federal/Provincial/Territorial Reference Document』.

Social Services, UK. 2000. 『Action for Older People』.

National Center on Elder Abuse. 2001. 『Elder Abuse Information Series No.1－3』. (http://www.elderabusecenter.org)

Action on Elder Abuse(AEA) http://aea@ace.org.uk

『Guide of Elder Abuse Prevention and Support Project in Ontario』.

(http://www.libray.utoronto.ca/www/aging/onpea_projects/home.html)

The National Advisory Council on Aging(NACA)

한국노인학대 연구회 http://www.elderabuse.or.kr

노인학대상담센터 http://www.15889222.net

<부록 1> 학대의 특성 조절변인 효과 이론적 구조의 경로

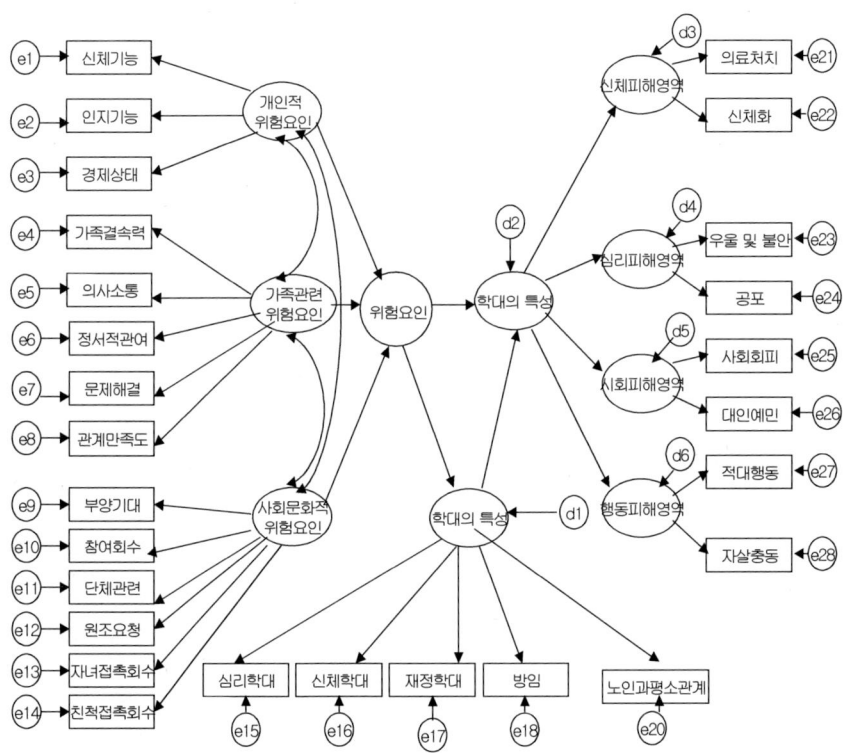

<부록 2-1> 인구학적 변인에 따른 개인, 가족적 위험요인의 차이

변수 구분		신체기능		인지기능		가족결속력		의사소통		정서적 반응		문제해결		관계만족도	
		평균	표준편차	평균	표준편차	평균	표준편차	평균	표준편차	평균	표준편차	평균	표준편차	평균	표준편차
성별	남	3.68	1.20	4.34	0.75	2.94	0.62	2.68	0.81	2.67	0.86	2.75	0.74	2.30	0.91
	여	3.68	1.09	4.36	0.72	2.78	0.73	2.74	0.88	2.46	0.80	2.53	0.91	2.22	0.69
	t값 (P)	0.02 (0.98)		-0.09 (0.93)		0.91 (0.37)		-0.26 (0.80)		1.02 (0.30)		0.99 (0.34)		0.44 (0.66)	
연령	60대	3.76	1.35	4.58	0.66	3.01	0.68	2.87	1.01	2.59	0.77	2.88	0.86	2.28	0.79
	70대	3.88	1.06	4.32	0.73	2.84	0.80	2.82	0.75	2.59	0.79	2.80	0.84	2.37	0.80
	80대	3.40	0.99	4.27	0.74	2.69	0.71	2.54	0.90	2.37	0.85	2.19	0.80	2.06	0.63
	F값 (P)	2.02 (0.14)		1.35 (0.27)		1.31 (0.28)		1.41 (0.25)		0.84 (0.43)		6.77 (0.00)		1.70 (0.19)	
교육	무학	3.60	1.07	4.37	0.76	2.81	0.67	2.78	0.88	2.41	0.68	2.51	0.88	2.23	0.75
	국졸	3.68	1.05	4.29	0.69	2.97	073	2.90	0.80	2.61	0.92	2.73	0.92	2.26	0.65
	중고	4.00	1.11	4.46	0.54	2.63	0.77	2.38	0.82	2.47	0.83	2.52	0.77	2.17	0.80
	대졸	3.29	1.54	4.30	0.95	2.60	0.61	2.39	1.03	2.50	0.89	2.29	0.93	2.33	1.02
	F값 (P)	0.88 (0.45)		0.24 (0.87)		1.16 (0.33)		1.41 (0.25)		0.42 (0.74)		0.72 (0.55)		0.11 (0.96)	

변수	구분	신체기능 평균	신체기능 표준편차	인지기능 평균	인지기능 표준편차	가족결속력 평균	가족결속력 표준편차	의사소통 평균	의사소통 표준편차	정서적 반응 평균	정서적 반응 표준편차	문제해결 평균	문제해결 표준편차	관계만족도 평균	관계만족도 표준편차
종자녀수 (남자)	없음	3.25	0.9	4.18	0.83	3.03	0.62	2.94	0.85	2.25	0.71	2.76	0.91	2.14	0.76
	1명	3.76	1.12	4.43	0.70	3.77	0.88	2.74	0.88	2.55	0.90	2.56	0.82	2.34	0.86
	2명	3.69	1.32	4.42	0.75	2.89	0.53	2.60	0.99	2.43	0.82	2.48	0.83	2.12	0.78
	3명 이상	3.89	0.93	4.30	0.65	2.66	0.69	2.67	0.75	2.68	0.72	2.57	0.88	2.29	0.47
	F값 (P)	1.34 (0.27)		0.61 (0.61)		1.06 (0.37)		0.56 (0.65)		1.07 (0.37)		0.36 (0.78)		0.59 (0.62)	
종자녀수 (여자)	없음	3.63	1.08	4.39	0.57	2.83	0.87	2.72	0.92	2.71	0.74	2.58	0.92	2.44	0.92
	1명	3.49	1.11	4.26	0.73	2.71	0.61	2.71	0.98	2.33	0.83	2.52	0.97	2.18	0.59
	2명	3.94	1.08	4.56	0.70	3.02	0.60	2.78	0.85	2.49	0.88	2.67	0.79	2.17	0.78
	3명 이상	3.72	1.18	4.17	0.89	2.70	0.72	2.65	0.64	2.47	0.76	2.54	0.81	2.12	0.54
	F값 (P)	0.76 (0.52)		1.24 (0.30)		0.99 (0.40)		0.07 (0.97)		1.11 (0.35)		0.13 (0.94)		1.01 (0.39)	
경제상태 (자녀의존도)	전적의존	3.45	0.95	4.08	0.81	2.66	0.69	2.43	0.87	2.28	0.86	2.23	0.92	2.05	0.49
	부분의존	3.40	1.02	3.82	0.88	3.08	0.32	2.80	0.81	2.48	0.85	2.67	0.74	2.27	0.63
	약간의존	3.29	0.65	4.56	0.16	2.60	0.28	2.75	0.35	2.50	0.71	2.17	1.18	1.50	0.71
	의존안함	3.79	1.16	4.50	0.62	2.83	0.76	2.79	0.88	2.57	0.80	2.68	0.87	2.30	0.80
	F값 (P)	0.83 (0.48)		4.37 (0.01)		0.82 (0.49)		0.87 (0.46)		0.65 (0.59)		1.50 (0.22)		1.29 (0.28)	

<부록 2-2> 인구학적 배경변인에 따른 사회, 문화적 위험요인의 차이

변 수	구 분	부양기대		참여회수		단체관련	
		평균	표준편차	평균	표준편차	평균	표준편차
성 별	남	3.41	0.86	2.80	0.63	1.52	0.51
	녀	3.02	0.90	3.02	0.63	1.21	0.41
	t값 (P)	1.79 (0.08)		−1.01 (0.32)		2.60 (0.02)	
연 령	60대	3.28	0.99	2.93	0.80	1.25	0.44
	70대	2.85	0.84	3.06	0.67	1.27	0.45
	80대	3.29	0.88	2.93	0.47	1.29	0.46
	F값 (p)	2.94 (0.56)		0.40 (0.67)		0.05 (0.95)	
교 육	무학	2.99	0.89	3.10	0.47	1.23	0.42
	국졸	3.21	0.92	3.00	0.61	1.24	0.44
	중고졸	3.08	0.87	2.75	0.67	1.33	0.49
	대졸	3.16	1.07	2.67	0.58	1.57	0.53
	F값 (P)	0.37 (0.77)		1.15 (0.34)		1.36 (0.26)	
총자 녀수 (남자)	없음	3.12	0.93	2.92	0.28	1.32	0.78
	1명	3.04	0.87	3.00	0.71	1.12	0.33
	2명	3.30	0.97	2.92	0.64	1.45	0.51
	3명 이상	2.95	0.86	3.05	0.71	1.24	0.44
	F값 (P)	0.69 (0.56)		0.16 (0.93)		3.36 (0.02)	
총자 녀수 (여자)	없음	3.13	0.91	2.86	0.71	1.24	0.44
	1명	3.08	0.81	3.08	0.58	1.20	0.41
	2명	3.29	1.02	3.00	0.68	1.42	0.50
	3명 이상	2.85	0.88	3.00	0.55	1.26	0.45
	F값 (P)	0.84 (0.48)		0.46 (0.71)		1.14 (0.34)	
경제 상태 (자녀 의존도)	전적의존	3.33	0.99	2.91	0.83	1.42	0.51
	부분의존	3.19	0.72	3.10	0.57	1.09	0.30
	약간의존	3.50	0.10	3.00	0.01	1.50	0.71
	의존안함	3.01	0.91	2.98	0.61	1.26	0.44
	F값 (P)	0.82 (0.48)		0.16 (0.92)		1.52 (0.22)	

<부록 2-3> 인구학적 변인에 따른 하대특성의 차이

변수	구분	하대기간 평균	하대기간 표준편차	심리하대 평균	심리하대 표준편차	신체하대 평균	신체하대 표준편차	재정하대 평균	재정하대 표준편차	방임 평균	방임 표준편차	가해자교육수준 평균	가해자교육수준 표준편차	노인과 평소관계 평균	노인과 평소관계 표준편차
성별	남	61.38	70.32	5.76	3.25	0.43	1.36	0.81	1.25	2.76	2.07	3.90	1.18	3.33	0.73
	녀	73.67	65.14	6.57	3.64	0.71	1.22	0.79	1.06	2.88	1.92	3.79	1.16	3.25	0.77
	t값 (P)	-0.75 (0.45)		-0.92 (0.36)		-0.94 (0.35)		0.07 (0.94)		-0.24 (0.81)		0.40 (0.69)		0.46 (0.64)	
연령	60대	58.65	41.99	5.95	3.69	0.50	0.95	0.70	1.17	2.80	1.99	3.95	1.15	3.30	0.73
	70대	68.60	62.01	6.27	3.43	0.68	1.44	0.80	1.02	2.36	2.06	3.70	1.19	3.20	0.73
	80대	80.57	79.97	6.79	3.70	0.71	1.16	0.84	1.15	3.44	1.63	3.87	1.14	3.32	0.81
	F값 (P)	0.76 (0.47)		0.41 (0.67)		0.20 (0.82)		0.11 (0.90)		3.33 (0.04)		0.37 (0.69)		0.24 (0.78)	
교육수준	무학	80.59	74.24	6.26	3.98	0.60	1.24	0.70	0.94	2.83	1.91	3.73	1.15	3.23	0.73
	국졸	76.06	57.10	6.41	3.67	0.72	1.17	0.76	1.12	3.24	1.77	3.70	1.15	3.08	0.68
	중고	53.71	72.45	6.78	2.71	0.78	1.59	1.06	1.35	2.39	2.20	4.06	1.21	3.61	0.85
	대학	34.43	16.10	6.14	2.91	0.26	0.76	0.86	1.22	2.14	2.27	4.29	1.11	3.57	0.77
	F값 (P)	1.47 (0.23)		0.09 (0.96)		0.33 (0.81)		0.46 (0.71)		1.16 (0.33)		0.84 (0.48)		2.51 (0.06)	

변 수	구 분	하대기간 평균	하대기간 표준편차	심리학대 평균	심리학대 표준편차	신체학대 평균	신체학대 표준편차	재정학대 평균	재정학대 표준편차	방임 평균	방임 표준편차	가해자교육수준 평균	가해자교육수준 표준편차	노인과 평소관계 평균	노인과 평소관계 표준편차
종자녀수(남자)	없음	80.41	81.14	5.26	3.45	0.37	1.01	0.68	1.11	3.53	1.87	3.53	1.22	3.21	0.92
	1명	70.53	54.53	6.42	4.00	0.97	1.38	0.67	1.02	2.64	1.90	3.55	1.25	3.27	0.76
	2명	67.00	59.53	6.96	3.26	0.80	1.53	0.72	0.94	2.72	2.05	4.08	1.15	3.32	0.69
	3명 이상	69.44	77.72	6.68	3.34	0.32	0.75	1.12	1.30	2.76	1.94	4.12	0.88	3.24	0.72
	F값 (P)	0.15 (0.93)		0.90 (0.44)		1.79 (0.15)		0.99 (0.40)		0.96 (0.42)		2.07 (0.11)		0.09 (0.97)	
종자녀수(여자)	없음	61.04	51.33	7.00	3.67	1.07	1.44	0.83	1.14	1.90	1.74	4.03	1.09	3.24	0.69
	1명	90.73	83.33	4.77	3.49	0.40	0.89	0.33	0.76	3.53	1.83	3.50	1.31	3.10	0.61
	2명	64.96	59.28	6.54	3.55	0.54	1.18	0.96	1.08	3.08	1.98	3.71	1.20	3.38	0.82
	3명 이상	61.67	60.07	7.89	2.66	0.58	1.43	1.26	1.28	2.95	1.93	4.11	0.88	3.42	0.96
	F값 (P)	1.30 (0.28)		3.79 (0.01)		1.60 (0.19)		3.35 (0.02)		4.03 (0.01)		1.58 (0.20)		0.92 (0.43)	
경제상태(자녀의존도)	전적의존	60.83	52.53	9.84	2.54	0.84	1.12	0.84	1.07	3.16	1.64	0.05	0.23	0.05	0.23
	부분의존	65.00	56.15	6.55	3.59	0.73	1.42	0.73	1.10	2.91	1.97	0.27	0.47	0.00	0.00
	약간의존	138.50	147.79	7.00	0.00	2.00	0.00	0.50	0.71	3.00	2.83	1.00	0.00	0.00	0.00
	의존안함	72.76	68.70	5.43	3.29	0.56	1.26	0.80	1.12	2.76	2.02	0.31	0.47	0.17	0.38
	F값 (P)	0.88 (0.45)		9.64 (0.00)		1.08 (0.36)		0.07 (0.97)		0.22 (0.89)		3.76 (0.01)		1.36 (0.26)	

<부록 2-4> 인구학적 변인에 따른 학대피해영역의 차이

변수	구분	의료처치 평균	의료처치 표준편차	신체화 평균	신체화 표준편차	우울불안 평균	우울불안 표준편차	공포 평균	공포 표준편차	사회회피 평균	사회회피 표준편차	대인예민 평균	대인예민 표준편차	적대행동 평균	적대행동 표준편차
성별	남	1.24	0.45	2.93	1.12	2.92	0.94	2.09	1.28	4.81	4.06	1.93	0.98	1.86	0.88
	녀	1.22	0.42	3.16	0.83	2.66	0.77	2.06	1.01	4.14	3.99	1.96	0.79	1.52	0.61
	t값 (P)	0.15 (0.88)		−0.91 (0.37)		1.31 (0.19)		0.11 (0.91)		0.69 (0.49)		−0.16 (0.87)		1.64 (0.11)	
연령	60대	1.15	0.37	2.89	1.09	2.62	0.81	1.86	1.19	3.75	4.31	1.79	0.93	1.67	0.86
	70대	1.27	0.45	3.17	0.77	2.73	0.84	2.18	1.12	4.52	4.31	2.07	0.95	1.66	0.69
	80대	1.21	0.41	3.18	0.93	2.74	0.80	2.05	0.92	4.26	3.40	1.96	0.57	1.47	0.59
	F값 (P)	0.62 (0.54)		0.80 (0.45)		0.15 (0.83)		0.56 (0.57)		0.26 (0.77)		0.88 (0.42)		0.87 (0.42)	
교육수준	무학	1.23	0.42	3.09	0.80	2.47	0.67	1.81	0.74	3.63	3.61	1.86	0.64	1.41	0.43
	국졸	1.19	0.38	3.21	0.87	2.92	0.81	2.20	1.10	4.43	4.17	2.01	0.85	1.64	0.74
	중고	1.28	0.46	3.02	1.12	2.91	0.84	2.47	1.42	5.39	4.34	2.13	1.19	1.84	0.89
	대졸	1.29	0.49	2.98	1.07	2.51	1.17	1.86	1.11	4.29	3.99	1.77	0.50	1.74	0.87
	F값 (P)	0.23 (0.88)		0.29 (0.83)		2.60 (0.06)		2.03 (0.11)		0.85 (0.47)		0.62 (0.60)		2.02 (0.12)	

변수	구분	의료처치 평균	의료처치 표준편차	신체화 평균	신체화 표준편차	우울불안 평균	우울불안 표준편차	공포 평균	공포 표준편차	사회회피 평균	사회회피 표준편차	대인예민 평균	대인예민 표준편차	적대행동 평균	적대행동 표준편차
종자녀수(남자)	없음	1.16	0.37	3.24	0.77	2.50	0.69	1.97	0.83	4.26	3.51	1.80	0.60	1.33	0.51
	1명	1.18	0.39	2.99	0.93	2.57	0.82	1.83	0.97	3.40	3.71	1.73	0.70	1.45	0.58
	2명	1.36	0.49	3.26	1.04	2.95	0.89	2.41	1.33	5.96	4.24	2.30	1.13	1.82	0.90
	3명 이상	1.20	0.41	3.03	0.79	2.83	0.77	2.12	1.00	3.76	4.05	2.02	0.68	1.74	0.61
	F값(P)	1.18 (0.30)		0.63 (0.60)		1.72 (0.17)		1.50 (0.22)		2.27 (0.09)		2.62 (0.06)		2.85 (0.04)	
종자녀수(여자)	없음	1.24	0.44	3.26	0.83	2.70	0.73	2.15	1.19	4.90	4.14	2.01	0.73	1.61	0.59
	1명	1.20	0.41	3.13	0.90	2.62	0.77	1.95	0.79	3.63	3.83	1.83	0.77	1.45	0.51
	2명	1.25	0.44	2.92	1.00	2.65	0.90	2.11	1.23	4.46	4.21	2.03	1.06	1.56	0.92
	3명 이상	1.21	0.42	3.12	0.89	2.96	0.90	2.09	1.07	4.11	3.73	1.97	0.74	1.81	0.72
	F값(P)	0.08 (0.97)		0.63 (0.60)		0.77 (0.52)		0.20 (0.90)		0.52 (0.67)		0.32 (0.81)		1.08 (0.36)	
경제상태(자녀)	전적의존	1.16	0.37	3.17	0.66	3.30	0.78	1.92	0.90	3.95	3.32	2.08	0.58	1.57	0.64
	부분의존	1.36	0.50	3.47	0.55	2.67	0.78	2.30	0.83	3.00	3.63	1.90	0.58	1.55	0.34
	약간의존	1.00	0.00	3.00	0.00	3.03	1.12	2.13	0.18	3.00	4.24	1.36	0.18	1.50	0.71
	의존안함	1.23	0.42	3.04	0.10	3.62	0.81	2.08	1.15	4.60	4.19	1.95	0.92	1.61	0.75
이혼도	F값(P)	0.758 (0.53)		0.74 (0.53)		1.40 (0.25)		0.29 (0.84)		0.64 (0.60)		0.49 (0.70)		0.04 (0.99)	

<부록 3> 설문지

노인학대 위험요인과 피해에 관한 연구

안녕하십니까?

이 설문지는 노인학대에 관한 연구를 목적으로 작성된 것입니다.
성의껏 답해주시면 감사하겠습니다.

이 조사에서는 귀하의 성함을 밝히지 않으며 절대비밀이 보장됩니다.
또한 응답하신 내용은 연구이외의 다른 목적에는 사용하지 않을
것을
약속드립니다.

협조해 주셔서 대단히 감사합니다.
귀댁의 안녕과 번창하심을 기원합니다.

이화여자대학교
사회복지학과 박사과정
이 연 호

면 접 자:

면접일시:

Ⅰ. 노인의 건강에 관한 질문입니다.

1. 노인의 일상생활능력과 상태가 어떠한지 알아보는 질문입니다.

노인의 상태	매우 그렇다 (심하다)	심한 편이다	보통 이다	심하지 않은 편이다	전혀 그렇지 않다
1. 노인이 혼자 식사하시기가 어렵다					
2. 노인이 혼자 옷 입기가 어렵다					
3. 노인이 혼자 세수, 칫솔질하기가 어렵다					
4. 노인이 혼자 화장실 사용하기가 어렵다					
5. 노인이 혼자 목욕하기가 어렵다					
6. 노인이 혼자 보행하기가 어렵다					
7. 노인이 혼자 음식 만들기를 어려워 하신다.					
8. 노인이 혼자 장보러 가기를 어려워 하신다					
9. 노인이 혼자 이부자리를 깔고 개시기를 어려워하신다					
10. 노인이 혼자 교통수단을 이용하시기가 어렵다					
11. 노인이 혼자 돈 관리를 하시기가 어렵다					
12. 노인이 혼자 약복용 하시기가 어렵다					
13. 노인은 퇴행적 행동을 보이거나 반응을 보이신다					
14. 노인은 매사에 불평이 많으시고 비판적이시다					

노인의 상태	매우 그렇다 (심하다)	심한 편이다	보통 이다	심하지 않은 편이다	전혀 그렇지 않다
15. 노인은 혼란된 행동증상을 보이신다					
16. 노인은 기억상실 증상을 보이신다					
17. 노인은 환각 혹은 환청증상을 보이신다					
18. 노인은 집안을 이유 없이 돌아다니신다					
19. 노인은 혼자 중얼거리거나 이야기 하신다					
20. 노인은 같은 행동이나 말을 반복하신다					
21. 노인은 자신이나 남에게 해가되는 행동을 하신다					

2. 병원 진료 받은 적 1) 없다   2) 있다

　있다면 월 _____회, 주_____회

3. 입원 경험 1) 없다   2) 있다   있다면, 기간은_____년 _____개월

4. 신체화 현상

	증 상	전혀 없다	약간 있다	웬만큼 있다	꽤 심하다	아주 심하다
1	몸의 어느 부위가 힘이 든다					
2	신경통 또는 근육통이 온다					
3	팔다리가 묵직하다					
4	몸의 일부가 저린다					
5	허리가 아프다					
6	항상 머리가 아프다					
7	내 몸 어디가 병든 것 같다.					

5. 수면장애
   1) 나는 평소처럼 잠을 잘 수 있다.
   2) 나는 전에 만큼 잠을 자지는 못한다.
   3) 나는 전보다 한두 시간 씩 일찍 깨고 한번 깨면 다시 잠들 수 없다.
   4) 나는 평소보다 몇 시간이나 일찍 깨고 한번 깨면 다시 잠들 수 없다.

6. 섭식 장애
   1) 내 식욕은 평소와 다를 바 없다.
   2) 나는 요즈음 식욕이 많이 떨어졌다.
   3) 요즈음에는 식욕이 전혀 없다.

7. 술을 드십니까? 예_____   아니오_____
   드신다면 학대 전: ( )병(소주 1병 기준) → 학대 후: ( )병(소주 1병 기준)

8. 현재 담배를 피우고 계십니까? 예_____   아니오 _____
   피웠다면 학대 전: (   )갑 → 학대 후: (   )갑

9. 현재 복용하시는 약물이 있습니까? 예 _____   아니오 _____
   있다면 어떤 것입니까? 구체적으로 _____
   학대 전: 하루 ( )회, 하루 ( )알 → 학대 후: 하루 ( )회, 하루 ( )알.

10. 마약(히로뽕)이나 대마초 등을 사용하고 싶은 충동을 느껴보신 적이
    있습니까?
    ① 전혀 그렇지 않다   ② 거의 느끼지 않는다.   ③ 가끔 느낀다
    ④ 비교적 자주 느낀다   ⑤ 상당히 자주 느낀다.

11. 우울, 불안 및 공포

	내 용	전혀 없다	약간 있다	웬만큼 있다	꽤 심하다	아주 심하다
1	외롭다					
2	신경이 예민하고 마음이 불안하다					
3	우울하다					
4	자꾸 쓸데없는 생각을 한다					
5	사소한 일에도 짜증이 난다					
6	마음속이 텅 빈 것 같다					
7	걱정이 많다					
8	울화가 치밀어 나 자신을 걷잡을 수가 없다					
9	죽음에 대한 생각을 한다					
10	공연히 불안하다					
11	나를 이해 못하는 사람이 많다					
12	기분이 쉽게 상한다					
13	함께 있어도 고독을 느낀다					
14	허무감을 느낀다					
15	긴장이 된다					
16	소외감을 느낀다					
17	가슴이 마구 뛴다					
18	사람이 많이 모인 곳에 나가기가 두렵다					
19	넓은 장소나 거리에 나가기가 두렵다					
20	혼자서 집을 나서기가 두렵다					
21	겁나는 물건이나 장소 혹은 대상 이 있다					

12. 적대행동

	내 용	전혀 없다	약간 있다	웬만큼 있다	꽤 심하다	아주 심하다
1	남을 때리거나 해치고 싶을 때가 있다					
2	때려 부수고 싶은 충동을 느낀다					
3	물건을 던지거나 고함을 지른다					
4	남과 싸운다					
5	다른 사람들의 행동이 못마땅하다.					

13. 실제로 자살기도를 하려는 욕구가 있습니까?
  ① 전혀 없다   ② 약간 있다   ③ 보통   ④ 많이 있다

14. 얼마나 자주 자살하고 싶은 생각이 듭니까?
  ① 거의 그런 생각이 들지 않는다   ② 가끔 그런 생각이 든다
  ③ 그런 생각이 계속된다.

15. 자살에 대해 깊이 생각했을 때 구체적인 방법까지 계획했습니까?
  ① 자살에 대해 생각해 본적 없다.
  ② 자살을 생각했으나 구체적 방법까지는 생각하지 않았다.
  ③ 구체적인 방법을 자세하게 생각해 놓았다.

16. 죽음을 예상하고 마지막으로 한일이 있다면?
  ① 없다.   ② 생각만 해보았거나 약간의 정리를 했다.
  ③ 확실한 계획(보험, 유언 등)을 세웠거나 다 정리해 놓았다.

17. 자살에 대한 생각을 다른 사람에게 이야기한 적 있습니까? 혹은 속이
   거나 숨겼습니까?
  ① 자살에 대해 생각해 본적 없다. ② 다른 사람에게 터놓고 이야기했다
  ③ 드러내는 것을 주저하다가 숨겼다. ④ 그런 생각을 속이고 숨겼다.

18. 대인 예민성

	내 용	전혀 없다	약간 있다	웬만큼 있다	꽤 심하다	아주 심하다
1	사람들이 나를 싫어하거나 불친절하게 대한다					
2	사람들이 많은 곳에서 거북하다					
3	사람들이 나를 감시하거나 나에 관해 수근대는 것 같다					
4	사람들이 나를 욕하는 것 같다					
5	사람들이 나를 이용하려고 한다					
6	누가 나를 쳐다보거나 나의 이야기를 하면 거북해진다					
7	친숙한 것을 보아도 낯설거나 비현실적인 것처럼 보인다					
8	과감성이 모자란다					

19. 사회적 회피

	내 용	예	아니오
1	사교적이어야 하는 자리는 피한다		
2	특별히 사람을 피하고 싶은 생각은 없다		
3	사람들과 잘 알지 못하면 그들에게 말을 거는 것을 피하려 한다		
4	새로운 사람과 만날 기회가 오면 자주 거기에 응한다.		
5	나는 자주사람들로부터 멀리 떨어져 있고 싶어 진다		
6	방에 낯선 사람이 꽉 차 있을 때도 나는 거리낌 없이 들어간다		
7	여러 사람들이 모여 있는데 다가가서 어울리는 것을 피한다		
8	윗사람들이 나와 이야기하기를 원하면 나는 기꺼이 이야기한다.		
9	사람을 피하려는 경향이 있다		
10	파티나 친목회에서 사람들에게 말을 건네는 것을 꺼리지 않는다		
11	사교적인 약속을 피하려고 자주 핑계를 생각해 낸다		
12	공식적인 사교상의 일은 피하려고 한다		

II. 노인의 가족과 관련된 질문입니다.

20. 현재 가해자는 노인과 따로 살고 있습니까?
    1) 동거 중   2) 따로 살고 있다

21. 노인의 주거지의 변화 1) 없다   2) 있다
    있다면 1) 다른 가족의 집으로 옮겼다.   2) 단독가구로 이주하였다
           3) 친구나 친지의 집으로 이주하였다 4) 쉼터나 시설에 입소하였다
           5) 기타_____

가족의 변화에 관한 질문입니다. 22, 23문항은 문항을 읽은 후 아래에서
해당사항을 골라 번호로 표기하시오.
    1) 확실히 그렇다   2) 대체로 그렇다   3) 그저 그렇다
    4) 대체로 그렇지 않다   5) 확실히 그렇지 않다

22. 가족 결속력의 변화

내 용	학대직전	학대직후
1. 우리가족은 우애가 좋은 편이다		
2. 우리가족은 모두 모여서 정답게 이야기하는 때가 많다		
3. 우리 집 식구보다는 친구들이 훨씬 나를 따뜻하게 대해준다		
4. 나는 가족들과 함께 있을 때 가장 마음이 편하고 좋다		
5. 우리 가족은 서로 대화가 잘 통한다		

23. 가족기능의 변화

내 용	학대직전	학대직후
1. 집안문제를 해결하려 애쓴 후에 그것에 대해 이야기하곤 한다		
2. (나쁜)감정문제가 나타나면 거의 풀고 지나간다		
3. 문제해결을 위한 여러 가지 방법을 생각해 본다		
4. 누군가 기분이 나쁘면 왜 그런지를 안다		
5. 빗대서 말하기 보다는 직접 솔직하게 이야기 한다		
6. 서로에게 솔직하다		
7. 누가 해놓은 일이 마음에 들지 않으면 그 사람에게 말한다		
8. 서로에 대한 애정표현을 하지 않으려 한다		
9. 감정적으로 반응하지 않는 식구들이 있다.		
10. 서로에 대한 사랑을 표현하지 않는다		
11. 우리가족은 서로 다정다감한 편은 아니다		

24. 관계 만족도

문 항	전혀 만족하지 않는다	별로 만족하지 않는다	보통이다	대체로 만족한다	매우 만족한다
1. 귀하의 자녀에 대해 얼마나 만족하십니까?					
2. 부모로서 당신자신에 대해서는 얼마나 만족하십니까?					
3. 귀하와 자녀의 관계에 있어서 얼마나 만족하십니까?					

25. 부양기대감

문 항	전혀 그렇지 않다	별로 그렇지 않다	보통 이다	대체로 그렇다	매우 그렇다
1. 자녀는 그들의 부모에 대해 책임을 가져야 한다. (노후에 부모를 봉양해야 한다)					
2. 부모가 아플 때 자녀는 반드시 부모를 모셔야 한다					
3. 자녀는 반드시 부모에게 재정적 도움을 주어야 한다					
4. 자녀가 출가 후 부모근처에 산다면 일주일에 한번은 찾아 와야 한다					
5. 자녀가 출가 후 부모와 멀리 떨어져 산다면 반드시 일주일에 한번은 최소한 전화나 편지를 해야 한다					
6. 아들이 반드시 부모를 모셔야 한다					
7. 딸도 아들과 동일한 정도의 부양의 책임이 있다					

Ⅲ. 노인의 사회적 지원과 원조요청에 관한 질문입니다.

26. 비동거 자녀 1) 없음   2) 있음   구체적으로_____남 _____녀

27. 비동거 자녀와의 접촉정도

관 계 1) 아들 2) 딸	거주 장소		만나는 정도					
	가깝다	멀다	매일	주1-3회	월 1-3회	년 1-2회	년3-6회	전혀 접촉 없음

28. 노인의 형제, 자매 및 친척과의 접촉정도

관 계 1) 형제 2) 자매 3) 친척 4) 친구	거주 장소		만나는 정도					
	가깝다	멀다	매일	주1-3 회	월 1-3회	년 1-2회	년3-6 회	전혀 접촉 없음

29. 노인께서는 종교단체나 사교모임에 관련하고 계십니까?
  1) 예　　　　2) 아니오

30. 관련하고 계신다면 구체적으로 어디입니까? ＿＿＿＿＿＿＿

31. 얼마나 자주 참여하십니까?
  1) 매일　　　2) 주1-3회　　　3) 월 1-3회　　　4) 년 1-3회

32. 노인께서 지원 받는 사회적 원조의 내용입니다. 받으시는 혜택에 표시하여 주십시오. (중복응답 가능)

1) 경로우대(버스승차권 등)   2) 노령수당
3) 인근복지관프로그램   4) 무료검진
5) 가정봉사원/재가복지봉사센터 6) 노인전문병원
7) 노인정   8) 주간보호/단기보호
9) 무료양로/요양시설   10) 실비양로/요양시설
11) 주택상속공제   12) 상속세 인적공제
13) 생활보호   14) 의료보호
15) 무료급식   16) 기타 _____

33. 현재 가장 필요하신 것은? (구체적으로)

_____

34. 학대를 받으시고 도움을 요청하신 경험이 있으십니까?
   1) 있다   2) 없다 (38번으로 가세요)

35. 도움을 청하셨다면 제일 먼저 누구에게 청하셨습니까? 최초의 한 대상자만 표시하시오.
   1) 가족   2) 친척   3) 이웃   4) 상담자
   5) 친구   6) 성직자   7) 기타_____

36. 도움을 받으신 내용은 무엇입니까?
   1) 정서적 지지와 안정
   2) 도움을 받을 수 있는 기관과의 연결 및 정보제공
   3) 제반 법적 절차에 대한 정보
   4) 가해자와의 관계개선을 위한 조언
   5) 기타_____

37. 도움을 받으신 것에 만족하십니까?
   1) 매우 만족   2) 대체로 만족   3) 보통
   4) 대체로 불만족   5) 매우 불만족

38. 학대받으신 사실에 대해 도움을 청하지 않으셨다면, 그 이유는 무엇입니까?
   1) 집안일 이라고 생각해서   2) 학대가 별로 심하지 않아서
   3) 창피해서   4) 제반절차에 대한 번거로움 때문에
   5) 학대자의 보복이 두려워서   6) 기타_____

39. 앞으로 도움을 청하신다면 사회서비스 기관에 요청하실 의향이 있으십니까?
   1) 있다   2) 없다(→41번으로 가세요)

40. 사회서비스 기관으로부터 도움 받기를 원하시는 것은 무엇입니까?
   1) 정서적 지지와 안정
   2) 도움을 받을 수 있는 기관과의 연결 및 정보제공
   3) 제반 법적 절차에 대한 정보
   4) 가해자와의 관계개선을 위한 조언
   5) 기타_____

41. 학대를 받으시고 그것을 해결하기 위해 스스로 어떠한 노력을 하신 적이 있으십니까?
   1) 있다   2) 없다(→43번으로 가셔요)

42. 노력을 해보셨다면 구체적으로 어떤 내용인지 써 주십시오.

_____

43. 국가에서는 가정 내 폭력이 있는 경우 가해자를 처벌하고 있습니다. 이러한 법이 시행되고 있는 사실을 알고 있습니까?

  1) 예   2) 아니오

44. 이러한 법이 시행되고 있다는 것을 알고 있다면, 맨 처음 어디에서 알게 되었습니까?

  1) 이웃을 통해   2) 친구를 통해   3) TV나 신문을 통해
  4) 인, 친척을 통해   5) 시설에 들어와서   6) 기타
  7) 무응답   8) 기타 _____

45. 만일 또 학대를 당하신다면 파출소나 경찰서에 신고할 의향이 있으십니까?

  1) 예
  2) 아니오, 아니라면 그 이유는 구체적으로_____

IV. 학대에 관한 질문입니다.

46. 학대를 경험하신 기간은?   총 _____년 _____개월

47. 가해자의 학대는 1년간 평균 얼마나 자주 발생하였습니까?

  1) 거의 매일   2) 일주일에 1회 이하   3) 2주일에 1회 이하
  4) 3주일에 1회 이하 5) 1개월에 1회 이하   6) 2-3개월에 1회 이하
  7) 불특정   8) 기타 _____

48. 신체적 학대

문 항	예	아니오
1. 노인을 밀어서 넘어뜨림		
2. 노인을 담뱃불로 지짐		
3. 노인의 머리채를 잡거나 움켜잡아 뽑음		
4. 노인을 발로 차거나 주먹으로 때림		
5. 부식제, 산 등의 화공약품을 사용하여 의도적으로 화상을 입힘		
6. 노인을 강제로 의자나 침대에 묶어둠		
7. 거동 불편 노인에게 청소나 빨래 등 하기 어려운 일을 강요함		
8. 노인을 움켜잡고 흔듦		
9. 노인을 강제로 지하실이나 방에 가둠		
10. 의사의 처방을 받은 약품을 주지 않거나, 노인의 행동을 통제하기 위하여 의사의 처방을 받지 않은 약물을 강제로 복용시킴		

49. 심리, 정서적 학대

문 항	예	아니오
1. 위협적이고 무례한 태도로 불안하게 함		
2. 모욕적인 말을 하여 감정을 상하게 하거나 수치심을 느끼게 함		
3. 욕설을 하거나 고함을 지름		
4. 노인이 친구나 친지와 방문, 대화 때마다 입회하여 간섭		
5. 노인의 일상적 사회/종교 활동 등을 노골적 방해		
6. 노인을 양로원 등의 시설로 보내겠다고 위협		
7. 노인의 친구나 친지 등의 방문을 싫어함		
8. 부양부담으로 인한 스트레스를 노인에게 노골적으로 표현함		
9. 발을 구르거나 방문을 세게 닫는 등 거친 행동으로 의사 표시함		
10. 가족모임이나 의사결정 과정에서 노인을 소외시킴		
11. 노인에게 집을 나가라는 폭언을 함		
12. 실금(실변, 요실금) 등 노인의 실수를 비난함		
13. 부양자나 가족들이 노인에게 무관심하거나 냉담하게 대함		
14. 노인이 보는 앞에서 물건을 던지거나 부수면서 화풀이함		

50. 방 임

문 항	예	아니오
1. 치매 등의 노인에게 주의를 기울이지 않아 배회케 함		
2. 환경을 불결하게 하거나 사고를 당할 수 있는 위험한 상황에 방치함		
3. 스스로 식사준비를 할 수 없는 노인을 2-3일 이상 혼자 집에 방치함		
4. 치료요구 시에도 노인을 병원에 모셔가지 않음		
5. 목욕, 배변 시 도움이 필요한 노인에게 도움을 주지 않음		
6. 경제적인 능력이 있는데도 불구하고 돋보기, 보청기, 틀니 등 필수적 보장구를 제대로 마련하여주지 않음		

51. 재정적 학대

문 항	예	아니오
1. 노인의 허락 없이 마음대로 부동산 소유권 이전 등 재산권을 행사함		
2. 연금이나 임대료 등 노인의 소득을 가족이나 친지가 가로챔		
3. 노인에게서 빌린 목돈을 갚지 않음		
4. 보석 등 노인의 값나가는 물건을 훔침		
5. 노인이 작성하였던 유언장을 노인의 동의 없이 수정하거나 새로운 수혜자를 지명함		
6. 노인의 유언장을 허위로 작성함		

52. 가해자 총수 _____명

53. 가해자 일반사항(주 가해자)

구 분	내 용
1. 노인과의 관계	1) 장남　　　　　2) 차남이하　　　3) 맏며느리 4) 둘째이하 며느리 5) 딸　　　　6) 사위 7) 손자, 손녀　　8) 조카　　　　9) 시동생 10) 시누이　　　11) 동생　　　12) 기타 _____
2. 성 별	1) 남　　　　　　2) 녀
3. 연 령	만 _____세　　혹은　19_____년생　혹은 _____띠
4. 교육수준	1) 무학　　　　　2) 초등학교　　　3) 중학교 4) 고등학교　　　5) 대학 이상
5. 결혼상태	1) 유배우　　　　2) 사별　　　　　3) 이혼 4) 별거　　　　　5) 미혼
6. 종 교	1) 없음　　　　　2) 불교　　　　　3) 기독교 4) 천주교　　　　5) 유교　　　　　6) 기타_____
7. 취업여부	1) 취업　　　　　2) 미취업
8. 직 종	1) 고위공무원/관리직　　2) 전문직/준전문직 3) 사무직　　　　　　　4) 서비스, 판매직 5) 농, 어, 축산업　　　6) 기능직 7) 단순노무직　　　　　8) 기타 _____
9. 정신장애 여부	1) 정신질환 없음　　　　2) 있음 종류_____ 있다면 입원경험 1) 없음　　2) _____회, 　　　　치료경험 1) 없음　　2) ____회
10. 폭력행동 여부	폭력전과 1) 없음　　　　2) 있음 있다면 _____회 기간 _____년 _____개월
11. 약물남용 여부	치료경험 1) 없음 2) 있음구체적으로(　　　　　　)

54. 평소 노인과 그 가해자와의 관계는 어떠하였습니까?

　1) 매우 좋았다　　　2) 좋은 편이었다　　　3) 보통이었다

　4) 나쁜 편이었다　　5) 아주 나쁜 편이었다

55. 그 가해자는 성장 시 가족원 간의 폭력이나 학대 등을 보고 성장하였습니까?
   1) 목격하며 성장   2) 아니요(목격하지 않음)   3) 잘 모르겠다

56. 그 가해자는 성장 시 가족원으로부터 학대를 받은 경험이 있습니까?
   1) 예 (경험 있음)   2) 아니요 (없음)   3) 잘 모르겠음

57. 그 가해자가 그런 행동을 한 이유는 무엇이라고 생각하십니까? (가장 중요한 것 1가지만 표기 후 구체적으로 적어 주셔요)
   1) 특별한 이유 없음   2) 피해자의 질병/장애
   3) 가해자의 질병/장애   4) 가족구조의 변화(이혼, 재혼, 별거, 사별 등)
   5) 경제적 문제/어려움   6) 재산문제로 인한 불화
   7) 사회적 이유   8) 가해자의 음주/이성문제
   9) 성격차이   10) 피해자의 잘못
   11) 사소한 말다툼이나 잘못 12) 부양부담/거부
   13) 기타

구체적으로 _____

(가해자 2)***가해자의 수가 2명 이상일 경우에만 질문하셔요.

58. 일반사항

구 분	내 용
노인과의 관계	1) 장남　　　　　 2) 차남이하　　　 3) 맏며느리 4) 둘째이하 며느리 5) 딸　　　　　 6) 사위 7) 손자, 손녀　　 8) 조카　　　　 9) 시동생 10) 시누이　　　 11) 동생　　　　 12) 기타 _____
성 별	1) 남　　　　　　 2) 녀
연 령	만 _____세 혹은 19_____년생 혹은 _____띠
교육수준	1) 무학　　　　　 2) 초등학교　　　 3) 중학교 4) 고등학교　　　 5) 대학 이상
결혼상태	1) 유배우　　　　 2) 사별　　　　　 3) 이혼 4) 별거　　　　　 5) 미혼
종 교	1) 없음　　　　　 2) 불교　　　　　 3) 기독교 4) 천주교　　　　 5) 유교　　　　　 6) 기타_____
취업여부	1) 취업 중　　　　 2) 비취업
직 종	1) 고위공무원/관리직　 2) 전문직/준전문직　 3) 사무직 4) 서비스, 판매직　　 5) 농, 어, 축산업　　 6) 기능직 7) 단순노무직　　　　 8) 기타 _____
정신장애 여부	1) 정신질환 없음　 2) 있음 있다면 입원경험 1) 없음　　 2) ____회 　　　 치료경험 1) 없음　　 2) ____회
폭력행동 여부	폭력전과 1) 없음　 2) 있음 있다면 _____회 기간 _____년 _____개월
약물남용 여부	약물치료 경험 1) 없음　　　 2) 있음 있다면 구체적으로 _____

59. 평소 노인과 그 가해자와의 관계는 어떠하였습니까?

　1) 매우 좋았다　　　 2) 좋은 편이었다　　　 3) 보통이었다

　4) 나쁜 편이었다　　 5) 아주 나쁜 편이었다

60. 그 가해자는 성장 시 가족원 간의 폭력이나 학대 등을 보고 성장하였
    습니까?
    1) 목격하며 성장   2) 아니요(목격하지 않음)   3) 잘 모르겠다

61. 그 가해자는 성장 시 가족원으로부터 학대를 받은 경험이 있습니까?
    1) 예 (경험 있음)   2) 아니요 (없음)   3) 잘 모르겠음

62. 그 가해자가 그런 행동을 한 이유는 무엇이라고 생각하십니까? (가장
    중요한 것 1가지 만 표기 후 구체적으로 적어 주셔요)
    1) 특별한 이유 없음   2) 피해자의 질병/장애
    3) 가해자의 질병/장애   4) 가족구조의 변화(이혼, 재혼, 별거, 사별 등)
    5) 경제적 문제/어려움   6) 재산문제로 인한 불화
    7) 사회적 이유   8) 가해자의 음주/이성문제
    9) 성격차이   10) 피해자의 잘못
    11) 사소한 말다툼이나 잘못   12) 부양부담/거부   13) 기타

구체적으로 _____

V. 노인의 일반사항에 관한 질문입니다.

63. 노인의 성별은?   1) 남   2) 여

64. 노인의 연령은? 19_____년 생   만_____세

65. 노인의 교육정도는?
    1) 무학   2) 국졸   3) 중졸   4) 고졸   5) 대졸 이상   6) 기타_____

66. 노인의 종교는?
    1) 없음   2) 불교   3) 기독교   4) 천주교   5) 기타_____

67. 노인의 경제상태는 어떠하십니까?

    1) 자녀들에게 전적으로 의존한다   2) 자녀들에게 부분적으로 의존한다

    3) 별로 의존하지 않는다   4) 전혀 의존하지 않는다

68. 노인의 수입원은 무엇입니까? (중요한 순서대로 표기하고 액수 기
    입/중복응답)

    1) 본인 및 배우자의 일(근로소득)   2) 저축, 증권의 이익 배당

    3) 부동산 임대료, 집세   4) 자녀로부터 보조 (생활비, 용돈)

    5) 연금(국민연금, 공무원 연금 등) 6) 퇴직금

    7) 개인연금   8) 생활보호, 노령수당(국가보조)

    9) 기타_____

69. 현재 살고 계신 집은 누구의 소유입니까?

    1) 본인   2) 배우자   3) 가족   4) 인, 친척   5) 타인
    6) 국가   7) 기타_____

70. 이 주소지에 체류하신 기간은 _____년 _____개월

71. 노인의 자녀는 모두 몇 명입니까? _____남 _____녀

72. 현재 동거가족은 모두 몇 명입니까? _____명

73. 동거가족

노인과의 관계	성 별	연 령	혼인여부		동거기간		장애여부		경제능력	
			미혼	기혼	년	개월	유	무	유	무
1)										
2)										
3)										
4)										
5)										

74. 노인이 갖고 계신 질병이 있다면 모두 기입하여 체크해 주십시오.

1) 고혈압   2) 뇌졸중   3) 심장질환   4) 간질환

5) 위장질환   6) 변비   7) 신장질환   8) 호흡기질환

9) 당뇨병   10) 관절염   11) 신경통   12) 기타_____

● **저자** ●

● 이연호(李姸浩)　학 력

　　　　　　　서울여자대학교 대학원 사회복지학 석사
　　　　　　　Michigan State University 임상사회복지학 석사(M.S.W)
　　　　　　　이화여자대학교 대학원 사회복지학 박사

　　　　　　　경 력

　　　　　　　노인학대 예방센터 전문위원회 연구원
　　　　　　　경희사이버 대학교 사회복지학과 교수

　　　　　　　연구논문

　　　　　　　"노인학대 위험요인 및 특성이 학대로 인한 피해영역에 미치는 영향"
　　　　　　　2003. 5.30. 한국노년학, 한국노년학회
　　　　　　　"학대경험 노인의 심리, 사회적 피해에 대한 가족관련 위험요인의 영향"
　　　　　　　2003. 5.28. 한국가족복지학, 한국가족복지학회.
　　　　　　　"선진국 노인학대 지원제도 및 프로그램 비교연구"
　　　　　　　2001. 12.30. 노인복지연구, 한국노인복지학회.　외 다수
　　　　　　　저서(역서, 공저 등 포함)
　　　　　　　편저(공저) "가족폭력-사정과 실제" 2003. 양서원
　　　　　　　역서(공저) "가족학대, 가정폭력" 2001, 나남 출판
　　　　　　　　　　　　 "가족복지 실천론" 2002, 나눔의 집 외 다수

노인학대, 위험요인과 피해

• 초판 인쇄	2005년 6월 25일
• 초판 발행	2005년 6월 30일
• 지 은 이	이연호
• 펴 낸 이	채종준
• 펴 낸 곳	한국학술정보㈜
	경기도 파주시 교하읍 문발리
	파주출판문화정보산업단지 526－2
	전화 031) 908－3181(대표)·팩스 031) 908－3189
	홈페이지 http://www.kstudy.com
	e－mail(e－Book사업부) ebook@kstudy.com
• 등　　록	제일산－115호.(2000. 6. 19)
• 가　　격	23,000원

ISBN　89-534-2394-5　93330 (paper book)
　　　　89-534-2395-3　98330 (e-book)